utb 4653

Eine Arbeitsgemeinschaft der Verlage

Böhlau Verlag · Wien · Köln · Weimar
Verlag Barbara Budrich · Opladen · Toronto
facultas · Wien
Wilhelm Fink · Paderborn
A. Francke Verlag · Tübingen
Haupt Verlag · Bern
Verlag Julius Klinkhardt · Bad Heilbrunn
Mohr Siebeck · Tübingen
Nomos Verlagsgesellschaft · Baden-Baden
Ernst Reinhardt Verlag · München · Basel
Ferdinand Schöningh · Paderborn
Eugen Ulmer Verlag · Stuttgart
UVK Verlagsgesellschaft · Konstanz, mit UVK/Lucius · München
Vandenhoeck & Ruprecht · Göttingen · Bristol
Waxmann · Münster · New York

Basiswissen Philosophie

herausgegeben von
Michael Quante und Simon Derpmann

Christa Runtenberg

Philosophiedidaktik

Lehren und Lernen

WILHELM FINK

Die Autorin:

Dr. Christa Runtenberg ist Wissenschaftliche Mitarbeiterin am Philosophischen Seminar der Westfälischen Wilhelms-Universität Münster und dort u.a. für die Lehrerausbildung zuständig.

Ihre Arbeitsschwerpunkte sind die praktische Philosophie, Angewandte Ethik, Anthropologie, Bildungsphilosophie, die Fachdidaktik Philosophie, Fachdidaktik Praktische Philosophie sowie Philosophieren mit Kindern in der Grundschule und im elementarpädagogischen Bereich.

Umschlagabbildung:

Martin Mellen und Peter Zickermann, Bielefeld

Online-Angebote oder elektronische Ausgaben sind erhältlich unter **www.utb-shop.de**

Bibliografische Information der Deutschen Nationalbibliothek
Die Deutsche Nationalbibliothek verzeichnet diese Publikation in der Deutschen Nationalbibliografie; detaillierte bibliografische Daten sind im Internet über http://dnb.d-nb.de abrufbar.

Internet: www.fink.de

Printed in Germany.
Herstellung: Ferdinand Schöningh, Paderborn
Einbandgestaltung: Atelier Reichert, Stuttgart

UTB-Band-Nr: 4653
ISBN 978-3-8252-4653-2

Inhalt

Vorwort

Diese Einführung in die Philosophiedidaktik richtet sich vor allem an Studierende des Lehramts Philosophie/Ethik, aber auch an Referendare und Referendarinnen, Kolleginnen und Kollegen sowie an alle, die Philosophie und das Philosophieren an verschiedensten Lernorten vermitteln wollen. Ziel dieses Bandes ist es nicht, eine vollständige Übersicht über alle Konzepte und alle Dimensionen der Philosophiedidaktik zu geben. Vielmehr liegt mit diesem Band eine Einführung vor, die vom Standpunkt der universitären Ausbildung, aus der Perspektive von Studierenden im Modul Fachdidaktik und den sich daraus ergebenden Bedürfnissen geschrieben wurde. Der Band stellt die wichtigsten Debatten, Konzepte, Fragestellungen, Felder der Philosophiedidaktik sowie die Präzisierung von Fragen und Kontroversen vor, die die Fachdidaktik Philosophie beschäftigen und für zukünftige Lehrende wichtig sind. Der Band legt Spuren, er ist keine vollständige Einführung und auch kein Handbuch mit Rezepten für guten Unterricht.

Die vorgestellten Konzepte, die theoretischen Begründungen für die Vermittlung von Philosophie, die dargestellten Ideen zum Umgang mit der Schatztruhe und der Werkstatt des Philosophierens wollen zum Einen dem Anspruch einer wissenschaftlichen, systematischen Einführung in die Fachdidaktik genügen und Orientierungswissen vermitteln. Zum Zweiten soll in diesem Band der Schwerpunkt auf neueren Debatten und der Darstellung von Formen des Philosophierens liegen, die in anderen Einführungen nicht so ausführlich zur Sprache kommen. Somit ergänzt dieser Band andere Einführungen und Handbücher zur Fachdidaktik Philosophie. Auf prägende Theorien, fachdidaktische Paradigmen, die schon andernorts ausreichend erläutert sind, wird in dieser Einführung an entsprechenden Stellen mit verwiesen.

Die einzelnen Beiträge, die immer vom Standpunkt der Autorin geschrieben und auch Positionierungen der Autorin sind, laden zum eigenen Nachdenken und zur kritischen Auseinandersetzung ein. Ziel des Bandes ist es, Studierende darin zu unterstützen, ihren eigenen philosophiedidaktischen Standort zu finden, zu begründen, Bezugsreferenten zu kennen, die die Autorin für paradigmatisch hält und die für die Ausbildung zukünftiger Lehrerinnen und Lehrer einschlägig sind. Die Darstellung der Konzepte und der Vorschläge zur Unterrichtspraxis beziehen sich daher stärker auf die Begründung der jeweiligen Ansätze; sie dienen nicht dazu, eine Trickkiste zu öffnen, aus der Anleitungen einfach zu übernehmen sind. Philosophiedidaktik als Disziplin, die das Selbstdenken, die kritische Reflexions- und Urteilsfähigkeit fördern will, kann nur zur Förderung selbstständigen Denkens und Urteilens zukünftiger Lehrerinnen und Lehrer ihren Beitrag leisten. Unterricht planen, durchführen und reflektieren müssen die Lehrenden. Dafür wichtiges Rüst- und Handwerkszeug zu vermitteln ist die Intention dieses Bandes.

Ich möchte an dieser Stelle Herrn PD Dr. Andreas Vieth und Frau Kerstin Gregor danken, die mit viel Geduld und Genauigkeit beraten, Korrektur gelesen, Veränderungen, andere Blickwinkel vorgeschlagen und damit sehr viel zum Gelingen dieses Bandes beigetragen haben. Mein herzlicher Dank gilt auch Frau Dr. Nadine Albert, die dieses Band lektoriert hat.

Einleitung

Der vorliegende Band versteht sich als Einführung in die Philosophiedidaktik, die vor allem das Rüstzeug für zukünftige Lehrende anbietet. Diese Einführung nimmt Gesichtspunkte auf oder verstärkt solche, die in anderen Einführungen nicht so zum Tragen kommen. Der Reihe *Basiswissen Philosophie* entsprechend geht jedes Kapitel von einer zentralen Fragestellungen, einem Problem, einer Kontroverse aus; im jeweiligen Kapitel werden Antwortmöglichkeiten, verschiedene Sichtweisen erläutert. Auf diese Weise ist eine problemorientierte und zur Reflexion anregende Darstellung möglich, die dem Anspruch einer systematischen Einführung entspricht und zugleich den didaktischen Standort der Autorin offenlegt.

Die Gestaltung von philosophischen Bildungsprozessen und das Schaffen von Settings bzw. Lernarrangements, die das Philosophieren ermöglichen, setzen die enge Verzahnung fachwissenschaftlicher und fachdidaktischer Dimensionen voraus. Deshalb sollen die Leser und Leserinnen darin gefördert werden, in Auseinandersetzung mit den dargestellten Konzepten ihren eigenen didaktischen Standort auf der Basis reflektierter Begriffe von Philosophie und Philosophiedidaktik finden und begründen zu können.

Im *ersten* Kapitel des Bandes wird begrifflich geklärt, was überhaupt das Selbstverständnis von Philosophiedidaktik ist und welche Antworten Philosophen aus der philosophischen Tradition auf die Frage gegeben haben, warum der Mensch philosophieren sollte. Alle Konzepte sind in gegenwärtigen Diskussionen noch relevant.

Im *zweiten* Kapitel werden die wichtigsten Debatten in der Subdisziplin Philosophiedidaktik, die seit Anfang der 1970er Jahre besteht, über den Philosophieunterricht in der Schule sowie prägende Theorien innerhalb der Fachdidaktik vorgestellt. Aktuelle philosophiedidaktische Prinzipien werden dadurch offengelegt.

Im *dritten* Kapitel werden drei Pfade der Fachdidaktik rekonstruiert, die aus Sicht der Autorin einschlägig sind, die interessante, gut fundierte Formen des Philosophierens in der Schule begründen und produktive Wege eröffnen. Diese Konzepte sollen als eigene theoretische Paradigmen vorgestellt werden. Ihre Implikationen für die Gestaltung von Unterricht werden in den darauffolgenden Kapiteln an entsprechenden Stellen entfaltet. Diese ersten drei Kapitel verfolgen sowohl einen historischen wie auch systematischen Blickwinkel; die Rekonstruktion wichtiger Ansätze ist mit dem dritten Kapitel beendet.

Im *vierten* Kapitel legt die Autorin, vor dem Hintergrund neuer Ansprüche an Bildung und philosophische Bildung, ihren eigenen, aktuellen philosophiedidaktischen Standort dar, der auf die verschiedenen Herausforderungen wie die Unterrichtsforschung, die Verstärkung der Heterogenitätsorientierung oder auch neue Erkenntnisse in der Lern- und Entwicklungspsychologie reagiert. Das ist wichtig, damit die Leser und Leserinnen die darauffolgenden Vorschläge für den Unterricht angemessen reflektieren können.

Im *fünften* Kapitel wird die Schatzkiste des Philosophierens geöffnet. Ansätze zum Umgang mit Inhalten, mit Texten aller Art sowie verschiedene, klassische und produktive Verfahren der Textinterpretation werden vorgestellt.

Im *sechsten* Kapitel werden das Sprechen, das Schreiben und das Hören als Formen des Philosophierens für den Unterricht fruchtbar gemacht. Einige Ansätze, vor allem im Bereich des Argumentierens, werden außen vor gelassen, da sie schon andernorts umfangreich dargestellt sind. Stattdessen wird der Umgang mit Hörtexten und mit Songs aufgenommen, weil diese Formen didaktisch noch nicht erschlossen sind, aber viel Potenzial bieten.

Im *siebten* Kapitel geht es um das Schauen und Spielen im Philosophie- und Ethikunterricht. Der Einsatz verschiedener Bildtypen, der Einsatz von Spielen, besonders von Videospielen als neues Medium im Unterricht und das Lernen an außerschulischen Lernorten werden begründet und für den Unterricht entfaltet.

Das letzte Kapitel widmet sich den praktischen Bausteinen, die für die Planung, Durchführung und Reflexion von Unterricht wichtig sind.

Dieser Band kann nicht vollständig alle Bereiche der Fachdidaktik umfassend darstellen. Die Autorin hat sich bemüht, die Bedürfnisse der Studierenden mit den für sie selbst als paradigmatisch erachteten Perspektiven zu verbinden.

I. Warum sollte man das Philosophieren vermitteln?

1. Das Selbstverständnis der Philosophiedidaktik

Die Didaktik der Philosophie, die sich mit Fragen der Vermittlung von Philosophie beschäftigt, gehört zu den jüngeren Fachdisziplinen. Als Subdisziplin der Philosophie konstituiert sie sich erst seit Einführung des Schulfaches Philosophie mit der Reform der gymnasialen Oberstufe im Jahr 1972. Philosophie ist seitdem gemäß der Kulturhoheit der einzelnen Bundesländer ein ordentliches Unterrichtsfach der gymnasialen Oberstufe. In den unteren Klassen gibt es verschiedenen Fächer, die auf die Philosophie bezogen und mit ihr verbunden sind, wie z.B. das Fach „Philosophie", „Philosophieren mit Kindern", „Praktische Philosophie", „Ethik", „Werte und Normen" oder „Lebensgestaltung, Ethik und Religionskunde". Die Philosophiedidaktik bearbeitet ein sehr altes Sachproblem; verschiedene Philosophen haben sich mit den Fragen der Vermittlung von Philosophie beschäftigt. Diese Tradition geht aus von Sokrates, Platon, Aristoteles und Epikur über Thomas von Aquin, Descartes, Locke und Mill zu Rousseau, Hegel und Kant. Auch zeitgenössische Philosophen formulieren, dass eine pädagogisch reflektierte Vermittlung der Fachphilosophie notwendig ist. Zur Beantwortung der Frage, ob und wie sich philosophische Erkenntnisse oder Einsichten lehren und lernen lassen, sind zunächst einmal die relevanten Begriffe zu klären. Was versteht man genau unter Philosophiedidaktik?

Vermittlung von Philosophie

Didaktik

Das Wort Didaktik stammt von dem griechischen Verb *didaskein* ab und bedeutet übersetzt sowohl *lehren* als auch *lernen*. Als pädagogischer Fachterminus wird er häufig mit Lehrkunst übersetzt und meint Lehrkunst im Sinne von methodischen Unterrichtsanweisungen. Das Verständnis von Didaktik als Methodik, die guten Unterricht garantiert, ist ein sehr verbreitetes Verständnis von Didaktik, das allerdings zu kurz greift.
Der Terminus hat noch eine weitere Bedeutung, die über reine Methodik hinausgeht. Dieser Begriff von Didaktik bezieht den Zusammenhang von Bildungsintentionen, Inhalten, Medien und Verfahren des Unterrichts sowie die Bedürfnisse der Lerngruppen, die Anforderungen verschiedener Lernorte, die Organisation der Lernprozesse sowie gesellschaftliche Rahmen-

bedingungen mit ein. Man bezeichnet diesen Zusammenhang auch als den Interdependenzzusammenhang aller am Lernen beteiligten Felder.

Beide Bedeutungen von Didaktik lassen sich in gegenwärtigen didaktischen Debatten wiederfinden. Sie erfüllen verschiedene Bedürfnisse: Didaktik verstanden als Methodik erfüllt das Bedürfnis nach unmittelbarer Anleitung der Praxis des Lehrens und Lernens. Der weitere Begriff hingegen impliziert die Möglichkeit der theoretischen Reflexion, der Absicherung bzw. der Kritik der leitenden Vorannahmen der Praxis des didaktischen Handelns. Eine Ausblendung dieser Vorannahmen widerspräche dem reflexiven, kritischen Selbstverständnis von Philosophie.

Zur didaktischen Reflexion gehören fachwissenschaftliche sowie didaktische Ansätze, aber auch lern- und entwicklungspsychologische und gruppendynamische Theorien. Wichtigstes Ziel ist die Förderung eines reflektierten didaktischen Könnens, die Kompetenz, in einer konkreten Lehr- und Lernsituation Lernprozesse anregen, strukturieren, reflektieren und verbessern zu können. Man könnte von einer didaktischen Urteilskraft sprechen, die grundlegende didaktische Einsichten in einer konkreten Lernsituation eines spezifischen Lernorts umsetzen und reflektieren kann. Dazu muss geklärt werden, was eigentlich gelehrt oder gelernt werden soll. In den Fächern Philosophie und Ethik ist also offenzulegen, was man unter Philosophie versteht und was vermittelt werden soll.

didaktische Urteilskraft

Philosophie

Der Terminus Philosophie stammt von den griechischen Worten *philos* und *sophia* ab und heißt übersetzt „Freund der Weisheit". Häufig wird er auch wiedergegeben mit „Liebe zur Weisheit". Wie diese Liebe zur Weisheit ganz genau zu verstehen ist, wird nicht einheitlich beantwortet. Wer sich mit philosophischen Antworten auf die Frage, was Philosophie ist, beschäftigt, wird sehen, dass es nicht den einen Philosophie-Begriff, sondern eine Vielzahl von Philosophiebegriffen gibt. Schon Kant weist darauf hin, dass die Philosophie keine Wissenschaft ist, die gegeben, vorrätig und gleichsam nur aufzunehmen ist. Das Konzept eines Philosophen liegt nicht vor als „Urbild des Urteils, sondern nur als Veranlassung, selbst über ihn, ja sogar wider ihn zu urteilen".[1] Es gibt keine klar und eindeutig umrissene Bezugswissenschaft, auf die sich die Didaktik einfach beziehen könnte.

Trotz der Vielfalt der Ansätze besteht ein Konsens darin, dass das Charakteristische der Philosophie in der Reflexion von philosophischen Fragen und Problemen, als kritische Haltung und Tätigkeit des Denkens zu sehen ist. Diese Haltung beginnt mit dem Staunen, mit dem Zweifeln über Gewissheiten in der Wirklichkeit und Lebenswelt. Das kritische Denken zieht die Fragestellungen, Methoden und Theorien der philosophischen Tradition zur kritischen Problemerörterung heran. Philosophie prüft die Gültigkeit und Plausibilität von Geltungsansprüchen wie den Anspruch auf Wahrheit von Erkenntnissen oder den Anspruch auf Richtigkeit moralischer Prinzipien, setzt sich mit konkurrierenden Denkmodellen und Konzeptionen diverser Disziplinen auseinander und reflektiert so persönliche Auffassungen über die Wirklichkeit und die je eigene Lebenswelt.

kritische Tätigkeit des Denkens

Auf die die Vielzahl konkurrierender Philosophiebegriffe muss die Didaktik der Philosophie reagieren; wer unterrichten will, muss sich klar machen, welchen Philosophiebegriff er voraussetzt.

Auch die Konzepte der Philosophiedidaktik variieren.

Philosophiedidaktik
Grundsätzlich formuliert ist unter Didaktik der Philosophie die wissenschaftliche Theorie von der Vermittlung und Lehre der Philosophie zu verstehen; die Didaktik der Philosophie fragt danach, wie und mit welchen Zielen die Wissenschaft Philosophie Lernenden an spezifischen Lernorten zu vermitteln ist. Die Didaktik der Philosophie ist nichts der Philosophie Fremdes, sondern sie gehört zur Philosophie.

Rechtfertigungszusammenhang philosophischer Unterrichtspraxis

Bei allen Streitigkeiten innerhalb der Fachdidaktik sind sich doch alle einig in der Grundüberzeugung, dass Philosophiedidaktik notwendig ist als Begründungs- und Rechtfertigungszusammenhang philosophischer Unterrichtspraxis und dass diese selbst sowohl didaktisch als auch philosophisch sein muss. Sie muss philosophisch sein, weil sie nach dem Sinn der Philosophie, ihrem Verhältnis zu anderen Wissenschaften und dem spezifisch Philosophischen ihres Ansatzes fragen muss. Die Philosophiedidaktik muss begründen, was unterrichtet werden soll, und dazu ihren Philosophiebegriff rekonstruieren. Diese Rekonstruktion ist ihrerseits nur philosophisch möglich. Sie ist didaktisch, weil sie einen Begründungs- und Rechtfertigungszusammenhang von Unterricht offenlegt. Dazu muss sie die gesellschaftlich-geschichtlichen Rahmenbedingungen, in denen Unterricht realisiert wird, Erkenntnisse der Lernpsychologie, der Pädagogik und der eigenen fachwissenschaftlichen Anforderungen berücksichtigen. Auf dieser Basis konzipiert sie Ansätze, wie die Förderung grundlegender philosophischer Fähigkeiten möglich ist. Je nachdem, was man jeweils in der Unterrichtspraxis für ein situativ angemessenes Philosophieverständnis hält, was man anderen vermitteln möchte, für welche Lerngruppe und an welchem Lernort, entscheidet man sich für entsprechende Ziele, Inhalte, Methoden und Medien. Alle, die Philosophie vermitteln, entscheiden sich entweder ganz bewusst oder unbewusst für ein Verständnis von Philosophie und Philosophiedidaktik, da sie sich, sobald sie in eine Lehr- bzw. Lernsituation eintreten, didaktisch verhalten. Wer dies nicht auf der Basis reflektierter Entscheidungen tut, verhält sich implizit didaktisch, eine Variante, die aus reflektiert-didaktischer Sicht kritisiert werden muss.

reflektierte didaktische Entscheidungen

Die Aversion gegen didaktische Verortung entspringt häufig klassischen Vorbehalten gegenüber der Didaktik der Philosophie, die in gegenwärtigen Debatten noch immer relevant sind. Einschätzungen zum Stellenwert der Fachdidaktik zu kennen ist wichtig, um sie reflektieren, erwidern, kontern und unterstützen zu können.

Verhältnis von Philosophie und ihrer Didaktik

In fachdidaktischen wie fachwissenschaftlichen Debatten über den Stellenwert der Didaktik der Philosophie lassen sich verschiedene Thesen ausmachen zum Verhältnis von Philosophie und ihrer Didaktik.

Die (i) **These von der Überflüssigkeit** unterstellt, dass Fachdidaktik unnötig ist, weil die Kunst des Lehrens nicht vermittelbar sei. Viel wichtiger sei souveräne und ausreichende Sachkenntnis, um Lernende zu motivieren und guten Unterricht zu machen. Vertreter der (ii) **These der Nachträglichkeit** gestehen zu, dass Didaktik zur Vermittlung des Fachlichen hinzukommen muss, aber erst im zweiten Zugriff. Die Philosophie ist wichtig und kommt zuerst, für die Organisation einer angemessenen Lernsituation ist Didaktik aber wichtig als Trickkiste für guten Unterricht. Die (iii) **These von der Schädlichkeit der Didaktik** unterstellt, Didaktik könne sogar schädlich sein, weil der Griff in die Trickkiste die wichtigen Inhalte und Themen vereinfache und nur gut verkaufen wolle.

Abbild-Verhältnis

Diese drei Thesen gehen von einem Abbild-Verhältnis zwischen Philosophie und ihrer Didaktik aus. Die Philosophie gilt als die

Sache selbst; sie gilt es durch Didaktik in Lehr-Lernprozessen angemessen abzubilden. In diesem Verständnis stecken aber zwei Denkfehler: Zum einen gibt es, wie bereits deutlich wurde, *die* Philosophie nicht. Zum anderen wird in diesem Verständnis von Didaktik die Seite der reflektierenden Lernsubjekte ausgeblendet.

Die **These vom konstitutiven Verhältnis** zwischen Philosophie und ihrer Didaktik geht stattdessen davon aus, dass Philosophie selbst immer schon als Prozess des Philosophierens verstanden werden muss. Die Philosophie liegt nie als etwas Fertiges, als Produkt vor, sondern die Inhalte, Fragen oder Probleme konstituieren sich erst im Prozess des Philosophierens. Sie sind zurückgebunden an die Subjekte, die über etwas philosophieren. Die Philosophie wird Philosophie nur durch den Bezug zu einem philosophierenden Subjekt. Ihr Charakter ist dialogisch; die Perspektive argumentierender Gesprächspartner nimmt man auch im monologischen Reflexionsprozess ein. Die Vermittlung von Erkenntnis und Denken findet aus dieser Sicht immer dialogisch statt und ist damit zugleich didaktisch, auf Vermittlung bezogen. Philosophie und ihre Didaktik stehen entsprechend in einem Konstituierungsverhältnis zueinander; sie sind wechselseitig konstitutiv als Lehr- Lern- oder Bildungsprozess.

Kritiker der Konstituierungsthese

Die Konstituierungsthese wird von vielen Didaktikern geteilt, allerdings von einigen Seiten auch bestritten. Konsens besteht in der Auffassung, dass die Didaktik philosophisch sein muss, aber nicht darin, dass Philosophie ihrerseits didaktisch ist. Kritiker der Konstituierungsthese argumentieren, dass sich diese Sicht zwar aus einem dialogischen und diskursiven Philosophiebegriff konsequent ergibt. Auf der Basis anderer Philosophiebegriffe ist allerdings nicht einzusehen, warum Philosophie nicht unabhängig von ihrer Vermittlung vollzogen werden kann. Philosophische Reflexion und Erkenntnis sind möglich, ohne dass zugleich Fragen ihrer Vermittlung gelöst werden müssten. Andere Modelle sehen zwischen Philosophie und ihrer Didaktik eher ein Kohärenzverhältnis. Wer beginnt, das Philosophieren zu vermitteln, muss nicht nur seinen philosophischen, sondern auch seinen eigenen didaktischen Standort begründen.

2. Klassische Antworten und Standpunkte

2.1 Ansichten der Antike: Sokrates, Platon, Aristoteles und Epikur

Das Nachdenken über den Sinn und das Ziel des Philosophierens mit jüngeren Menschen und der Vermittlung von Philosophie reicht bis in die griechische Antike zurück. Für Sokrates ist die Philosophie eine öffentliche Angelegenheit und beansprucht einen festen Sitz im Leben. Diesen Anspruch verkörpert Sokrates: Er ist der Weise, der durch seinen persönlichen Einsatz und durch sein Leben als Vorbild wirkt und dafür sogar den giftigen Schierlingsbecher trinkt. Andererseits ist er aber auch eine lästige Gestalt, die ständig unterwegs ist und philosophiert, statt einem Beruf nachzugehen, und der das Wissen um die Grenzen des Wissens radikal einfordert. Sokrates stellt Fragen, deckt Nichtwissen auf, gerät in die Aporie und beginnt von vorn.

Grenzen des Wissens

Sokrates vermittelt Philosophie auf der Agorá, dem Markt, dem Zentrum des öffentlichen Lebens in Athen; er konfrontiert seine Mitbürger mit philosophischen Fragen, erschüttert vermeintliche Gewissheiten im Gespräch und beginnt die Arbeit an Begriffen neu. Sokrates verwickelt die Menschen in anstrengende philosophische Gespräche und folgt einem kunstvollen Ver-

Abb. 1: *Sokrates unterrichtet Alkibiades* von François-André Vincent, 1776

fahren des Widerlegens, Prüfens und Begründens von Argumenten, dem sog. elenktischen Verfahren. D.h. er entwickelt mit seinen Gesprächspartnern Hypothesen und Argumente, verwickelt sie derart in Widersprüche, dass sie zumeist am Ende des Gesprächs nicht mehr wissen, was sie eigentlich darlegen wollten, und nötigt sie so, noch einmal von vorne anzufangen. Sokrates didaktische Haltung, die er selbst als Hebammenkunst, als Kunst der Mäeutik charakterisiert, holt das hervor, was die Lernenden schon in sich tragen und prüft es gemeinsam mit ihnen. Er ist Zitterrochen, Stechfliege und Hebamme: Er empfindet, er sticht, er holt Erkenntnis im mäeutischen Prozess hervor und fördert das Selbstdenken des Gesprächspartners. Sein Verständnis entspricht einem Philosophieren als Denken, als kritisches Hinterfragen, dem Entwickeln von Problembewusstsein und dem lebendigen Untersuchen des eigenen Lebens.

Abb. 2: Die Platon-Statue an der modernen Akademie von Athen, Foto: Lufke, 2011

Hebammenkunst

Platon dagegen führt hin zur Philosophie. Er gründet eine Akademie im Nordwesten Athens. Er kann durchaus Antworten auf drängende philosophische Fragen geben. Hat er auch keine Theorie der Didaktik gelehrt, findet man in seinen Dialogen implizit die Idee vertreten, durch die philosophische Erforschung der Wahrheit und die Prüfung seiner selbst für seine Seele zu sorgen. Vor allem der Dialog *Theätet* oder auch das Höhlengleichnis lassen sich als Demonstration eines an praktischen Fragen orientierten Philosophierens interpretieren. Platons Lehre von der Erkenntnis steht aus dieser Sicht nicht für den Erwerb eines feststehenden Wissenskanons, sondern für ein praktisches Können als Umgang mit den Ideen. Zentral ist für ihn die philosophische Bildung, die *paideia*. Erkenntnis sei eine Einheit von theoretischem Wissen und praktischem Können, die Fähigkeit der Dialektik, der Kunst des Sprechens. Auf dialektische Weise machen die Dialogpartner die Erfahrung des eigenen Nichtwissens, aber auch des richtigen Ideengebrauchs; dogmatische Gewissheiten werden durch die Dialektik einer kritischen Prüfung unterzogen. Philosophie wird so bei Platon in einen Lehr-Lern-

Erforschung der Wahrheit

philosophische Bildung

Dialektik

prozess eingebunden, der von konkreten Subjekten in jeweils neuen Situationen praktisch zu vollziehen ist. Anfängliches Nichtwissen wird durch die Methode des Selbstdenkens überwunden. Die Methode wird als praktisches Können vorgeführt und nicht auf einzelne feste Regeln reduziert. Das Ziel des Philosophierens ist nicht die Bewältigung tagesaktueller Fragen und Probleme, sondern die Verwirklichung eines guten Lebens.

gutes Leben

Um das gute, sittliche Leben und um das Leben in der Wissenschaft geht es Aristoteles. Auch er gründet eine Schule, das *Lykeion*. Für ihn findet der Mensch, der philosophische Mensch, in der Muße, im Denken fernab von den Nöten und Zwängen des Alltags seine eigentliche Bestimmung. Das Denken, das Staunen, das anhaltende Betrachten entspricht für ihn der höchsten Lebensform, die allerdings nicht allen Menschen zukommen könne. Der Mensch kann seine Bestimmung auch finden und ausfüllen in der sittlichen Lebensform. Das Wesentliche des sittlichen Menschen ist die Ausbildung von Charakter-Tugenden und dianoetischen Tugenden, von Klugheit. Der *Phronimos*, der Weise, weiß nach Aristoteles, wie in welcher Situation richtig, angemessen zu handeln ist. Er kennt die rechte Mitte zwischen Extremen, er ist kontextsensitiv und erfahren, hat charakterliche Tugenden ausgebildet und weiß zu wählen, weiß, wie ein gutes Leben des Einzelnen, das dem guten Leben in der Polis entspricht, zu gestalten ist. Beide aristotelischen Konzepte, die Wichtigkeit von Muße und die Ausbildung der Klugheit, sind noch heute wichtige Bezugspunkte in der Philosophiedidaktik.

Phronimos

Auch Epikur, der Philosoph, der mit seinen Freunden in einiger Entfernung von der Agorá im Garten lebt, ist um die Ruhe der Seele des Einzelnen besorgt. Dazu muss, ähnlich wie bei Aristoteles, die Vernunft geschult werden. Epikur plädiert für das Philosophieren als grundlegende menschliche Tätigkeit, zu der man weder zu jung noch zu alt sein kann. Epikur spricht sich in seinem Brief an Menoikeus für die Ausbildung reflektierter Genussfähigkeit aus. Die rationale Auseinandersetzung mit irrationalen Ängsten, falschen

Abb. 3: Marmorbüste von Aristoteles, Louvre Museum, Foto: Eric Gaba, 2005

Seelenruhe

Vorstellungen, mit Vorurteilen, zum Beispiel vor den Göttern, der Zukunft oder dem Tod, die Klärung der Begierden, die rationale Wahl dessen, was zuträglich ist, und das Vermeiden dessen, was abträglich ist, ermögliche den Menschen ein gelingendes Leben. Der Mensch bestimme sich selbst als den für seine Entscheidungen Verantwortlichen und kann mit Einsicht für Seelenruhe, Gesundheit und ein gelingendes Leben sorgen.

Abb. 4: Epikur, Auschnitt aus *Die Schule von Athen*, 1510-1511

rationale Wahl

Den Ansichten zur Didaktik in der Antike liegt ein Begriff von Philosophie als radikales, an die Wurzeln gehendes Weiterdenken über handlungsleitende Vorstellungen zugrunde. Ziel dieses Weiterdenkens ist die Idee des guten Lebens aller bzw. des gelingenden Lebens des Einzelnen. Im Zentrum steht die Kompetenz begrifflich-argumentativer Vernünftigkeit und reflektierter Wahl.

Die Entwicklung der philosophiedidaktischen Überlegungen führt von der Antike zur Philosophie der Aufklärung, zu Kant und zu Hegel, deren Standpunkte noch immer wichtige Anknüpfungspunkte für gegenwärtige Debatten bieten.

2.2 Philosophiedidaktische Ansichten Kants und Hegels

Kant schließt sich in seinen Ansichten den Auffassungen Christian Garves an, der für ein Konzept angemessener Popularphilosophie plädiert. Kant unterstreicht Garves Forderung nach populärer Philosophie und fühlt sich dem Prinzip öffentlicher und auf das praktische Handeln bezogener Philosophie verpflichtet. Kant unterscheidet zwischen der Weisheit des gesunden Menschenverstandes und der belehrten philosophischen Wissenschaft. Für Letztere lehnt Kant die Popularitätsforderung ab. Aber in Fragen, die alle betreffen, zu Gott oder der Unsterblichkeit der Seele, wisse die Philosophie nicht mehr als der gesunde Menschenverstand. Grundlegende philosophische Fragen, wie

gesunder Menschenverstand

Abb. 5: Immanuel Kant

die nach einem Leben nach dem Tod, der Existenz Gottes oder einer angemessenen Moral trieben jeden Menschen um, denn, so Kant, der Mensch sei ein vernunftbegabtes Wesen. Er verfügt über implizites Prinzipienwissen des praktischen Handelns, das normalerweise als Kompass ausreicht. Die Fähigkeit zur Moralität und Vernunft sind in ihm angelegt.

Diese Anlagen müssten aber entwickelt, durch Erziehung und Bildung müssten die Menschen zu Vernunft, zum philosophischen Nachdenken erzogen werden. Um die Fähigkeit der Nachdenklichkeit und des Selbstdenkens fördern zu können, muss laut Kant die menschliche Vernunft angemessen in all ihren Dimensionen ausgebildet werden. Dazu gehöre die Ausbildung der Gemütskräfte und der Verstandeskräfte; Letztere umfassten den Verstand, die Urteilskraft und die Vernunft als Reflexion. Um das Denken-Lernen zu fördern, müsse Unterricht angelehnt werden an den natürlichen Fortschritt menschlicher Erkenntnis.

Selbstdenken

Die Methode, die das Selbstdenken fördert, sei die induktive Methode, die bei den Erfahrungen der Lernenden ansetzt und von elementaren Kenntnissen zu den Urteilen und Begriffen aufsteigt. Dieser Weg der Bildung darf, so Kant, keinesfalls umgekehrt werden, denn sonst ist die Wissenschaft nur „angeklebt", nicht gewachsen, und nicht Weisheit entsteht, sondern Gelehrigkeit ohne Verstand. Ziel ist die Erziehung zur Autonomie, zur Selbstbestimmung und die Förderung der natürlichen Vernunftanlagen, die zum Guten entwickelt werden müssen. Kant selbst schlägt eine stufenorientierte Förderung der moralischen Kompetenzen vor, die zur Reflexions- und Moralfähigkeit führt. Bildung und Erziehung intendieren die Förderung moralischer Urteilsfähigkeit; sie sind zu verstehen als ein Stufen-Programm der Kompetenzentwicklung.

Autonomie

Die Philosophie hat an der richtigen Erziehung großen Anteil: Es ist eine zentrale Aufgabe der Philosophie, das Denken-Lernen zu fördern. Kant macht deutlich, dass die Unabgeschlossenheit der Philosophie es unmöglich macht, für die Ausbildung Inhalte zu bestimmen und festzulegen. Kants Begriff des Selbstdenkens richtet sich gegen den Nachvollzug philosophischer Inhalte. Diese Auffassung hält er in seinem für die Philosophiedidaktik zentralen Diktum fest, dass man keine Philosophie, sondern nur philosophieren lernen kann.

philosophieren lernen

Ziel der Erziehung ist nach Kant aufgeklärtes Selber-Denken. Der Mensch kann entweder nur sozialisiert oder zum aufgeklärten Denken und Urteilen erzogen werden. Um das zu verwirklichen, müssen drei Regeln des Denkens berücksichtigt werden: das Selbst denken, sich in die Stelle jedes anderen zu denken sowie mit sich selbst einstimmig zu denken.[2] Eigenes Denken, epistemischer Pluralismus und Perspektivwechsel sowie die Stimmigkeit des eigenen Urteils werden gefordert.

Kants Didaktik, die das Selbstdenken und das Prozesshafte des Philosophierens in den Vordergrund stellt, wurde vor allem von Leonard Nelson weitergeführt im Paradigma der Sokratischen Methode.[3] Dieser Ansatz wurde weiterentwickelt von Vertretern der neosokratischen Methode und gehört zu den einschlägigen gegenwärtigen Paradigmen.[4]

Sokratische Methode

Kants Didaktik des aufklärerischen Selber-Denkens wird häufig Hegels Didaktik des verstehenden Nachvollzugs entgegengesetzt. Der zeitweilig als Gymnasiallehrer tätige Hegel trat höchstpersönlich in verschiedenen Gutachten für die Philosophie in der allgemeinen Schulbildung ein. Er erhob für die Philosophie umfassende Erkenntnisansprüche. In seinem philosophischen System charakterisiert er die ganze Welt als die Entwicklung eines alles umfassenden Weltgeistes. Natur ebenso wie Kultur und Geist in allen Ausprägungen, Geschichte, Religion, Kunst, Wissenschaft und Philosophie werden in ein System integriert, das alle Erscheinungen der Welt als einen historischen Prozess zu erklären beansprucht. Als Bildungsphilosoph betont Hegel entsprechend die objektive Seite des Kulturprozesses. Sinn der Bildung des individuellen Menschen ist von diesem Prozess her anzugeben; Bildung erscheint als ein Moment der Selbstverwirklichung des allgemeinen Geistes. Für den Einzelnen stellt Bildung, so Hegel, einen anstrengenden Arbeitsprozess dar.

verstehender Nachvollzug

Hegel geht in seinem Unterricht am Nürnberger Ägidien-Gymnasium davon aus, sein philosophisches System in einer Kurzfassung durch Dozentenvortrag den Schülern vermitteln zu können. In der Unterrichtspraxis überwog der Nachvollzug; er diktierte Paragraphen und erläuterte sie. Die Schüler mussten das Diktat und Hegels Erläuterungen dann noch einmal abschreiben. Diese Unterrichtspraxis und auch seine didaktischen Grundsätze, die er in einem Gutachten zum Philosophieunter-

Abb. 6: Georg Wilhelm Friedrich Hegel, Porträt von Jakob Schlesinger, 1831

Wissenschaft der Philosophie

richt für den bayrischen Oberzentralschulrat Niethammer von 1812 darlegt, zeigen, dass Hegel anders als Kant vor allem den Nachvollzug vorgegebener Inhalte bevorzugt. Hegel ist der Auffassung, dass das nachvollziehende Lernen das geeignete Verfahren ist, mit der Wissenschaft der Philosophie bekannt zu werden. Hegel versteht Lernen jedoch nicht als passives Aufnehmen von Unterrichtsstoff. Er hält aber bloßes Reflektieren für zusammenhanglos und betont daher, dass Lernende auch beim Begreifen und Nachvollziehen von Inhalten produktiv sind. Entsprechend lehnt Hegel, in Opposition zu den zeitgenössischen Pädagogen, die Auffassung ab, beim Erwerb von Wissen käme es vor allem auf den Prozess des Lernens an und nicht auf die Inhalte. Das wäre ja wie, so Hegel, beim Reisen zwar unterwegs zu sein, aber nicht die Städte, die Länder, Kulturen oder Menschen kennen zu lernen. Hegel betont das Anknüpfen an bereits erarbeitetes philosophisches Wissen. Vor allem das Studium klassischer Denker bewertet er als angemessenste Einführung in die Philosophie.

produktives Nachvollziehen von Inhalten

Hegel erstellt 1822 ein weiteres Gutachten zum Philosophieunterricht, das Preußen-Gutachten, in dem er anders als 1812 auf die Notwendigkeit einer formalen Vorbereitung auf die Philosophie hinweist. Hatte Hegel in seinem eigenen Nürnberger Propädeutik-Unterricht noch sein philosophisches System in Grundzügen behandelt, stellt sein Preußen-Gutachten eine Restitution der traditionellen Logik und der modernen empirischen Psychologie dar. Die Geschichte der Philosophie als Gegenstand lehnt er für die Schule als zu komplex ab, auch die Metaphysik vertagt er auf die Universität. Die Logik eigne sich als Unterrichtsgegenstand besonders, weil sie es aufgrund ihrer Zweckfreiheit und Abstraktheit ermögliche, unabhängig von konkreten Erfahrungen oder zweckrationalen Interessen förmliche Gedanken zu haben. Sie eröffne ein Reich der Gedanken, das Distanz zur konkreten Weltorientierung und Weltbeherrschung ermöglicht. Gerade in der Unverbundenheit mit der Erfahrung sieht Hegel die revolutionäre Wirkung der Logik. Die Vorstellung,

abstraktes Denken

über das konkret Sinnliche das Abstrakte zugänglich zu machen, lehnt Hegel als Irrtum ab; er hält diesen Weg für zwar naturgemäßer, aber zugleich auch für unwissenschaftlicher und schwieriger. Der Logikunterricht kann an andere Unterrichtsgegenstände anknüpfen; das Lernen ist das geeignete Verfahren, um mit der Philosophie bekannt zu werden. Das Lernen der Philosophie, das Verstehen der Gedanken der Philosophie fordere harte Arbeit und Entfremdung von Vertrautem; Hören und Sehen soll den jungen Menschen vergehen, sie sollen Distanz durch Denken gewinnen. Das Erlernen vernünftiger Gedanken, philosophischer Inhalte verhindere inhaltsloses unsystematisches Spekulieren. Voraussetzung dafür sei aber die Fähigkeit formalen Denkens, denn wenn man Erkenntnis gewinnen und besitzen wolle, müsse man sie im Gedächtnis haben.

Distanz durch Denken

Wenn man Kants und Hegels didaktische Äußerungen genau liest, wird deutlich, dass kein prinzipieller Gegensatz zwischen beiden Auffassungen besteht. Legt Kant in seinen didaktischen Äußerungen den Schwerpunkt darauf, dass prozessorientiertes Lernen dem Philosophieren und Selbstdenken entspreche, betont Hegel dagegen die große Bedeutung formaler Denkfähigkeiten, das Lesen und Nachvollziehen klassischer Positionen. Beide Perspektiven sind in gegenwärtigen Konzepten miteinander verknüpft.

2.3 Philosophie als Kritik und Bildung des Selbst – Ansichten von Nietzsche und Foucault

2.3.1 Ansichten von Nietzsche: Gedanken aus der Krise gebären

Friedrich Nietzsche begreift Philosophie als Kritik, als historisch-kritische Untersuchung vorfindlicher Verhältnisse, als standortgebunden und perspektivisch. Damit war er vor allem für nachfolgende Konzepte der Kritischen Theorie in Deutschland und der kritischen Philosophie in Frankreich wichtig, insbesondere für Michel Foucault. Er ist der Begründer des genealogischen Blicks, einer historisch verfahrenden Methode, die die geschichtliche Entwicklung von Sachverhalten aufzuzeigen versucht und damit den kritischen Blick auf die Sachverhalte weitet.

Philosophie als Kritik

genealogischer Blick

Nietzsche geht davon aus, dass jedes Philosophieren in Bezug zu biografischen Erfahrungen steht. Für sein eigenes Philosophieren stellt er den Bezug zu seinen Erschütterungen, auch zu seinen Krankheitssymptomen und der jeweiligen Genesung her. Nietzsche sieht in den krankmachenden gesellschaftlichen Verhältnissen eine menschenverachtende Kultur der grundsätzlichen Einschränkung auf das Bittere, das Wehtuende, den Ekel. In solchen Verhältnissen ist eine radikale Vereinsamung die Folge, auch der Rückzug in die Krankheit als Notwehr zu verstehen.[5] Das Individuum ziehe sich heraus aus diesen Verhältnissen. Der große Schmerz, das Zurückgehen in die Einsamkeit und das auf sich selbst zurückgeworfen Sein zwinge den denkenden Menschen, in die Tiefe zu steigen, sich aus gewohnten Verhältnissen herauszulösen. Der Schmerz lehre, „um-die-Ecke-zu-sehen", die Perspektive umzustellen. Die Krankheit wird zum Stimulans des Lebens, weil der Denkende das Leben neu entdecken, aus dem Abgrund wieder neu zurückkommen, mit feinerem Geschmack für die Freude sich selbst wiederherstellen kann. Man lerne nach einer derartigen Selbst-Befragung, Selbst-Versuchung, mit einem feineren Auge nach allem zu sehen, was bisher war und gedacht worden ist. Der leidende Denkende weiß aber noch in der Phase des Leidens, wohin der Leib und sein Bedürfnis den Geist drängen, so Nietzsche: nämlich in das Licht, die Sonne, die Stille, die Milde, die Geduld. Vertiefte Gedanken werden aus dem Schmerz geboren, man frage tiefer, zweifele mehr; die Liebe zum Leben bleibe, werde aber von der Haltung der Kritik begleitet. Aus einer echten Krise komme der Denkende neugeboren zurück, mit einem feineren Geschmack für die Freude, mit einer zarteren Zunge für alle guten Dinge, mit lustigen Sinnen, als Künstler der Heiterkeit.[6] Letztlich geht es um die Bejahung des Lebens, um Ausbildung individueller Souveränität, um eine Ästhetik der Existenz. Diese Existenz ist nicht als Kreation des frei schaffenden genialen Künstlers zu verstehen, sondern genealogische Analyse, Kritik und Selbstdenken sind für Nietzsche zentrale Bausteine eines schönen Lebens.

Distanz

Liebe zum Leben

Abb. 7: Nietzsche in einem Porträt von Edvard Munch, 1906

2.3.2 Ansichten von Foucault: Philosophie als kritische Haltung und Bildung des Selbst

Das berühmte Diktum Foucaults, dass der Mensch tot ist und seine Spur verschwinden wird wie ein Gesicht im Sand, proklamiert nicht das Ende der Existenz menschlicher Individuen. Es verweist auf die Untauglichkeit klassischer humanistischer Modelle des Menschen und der Bildung zur Begründung gegenwärtiger Ziele von Bildung. Wie auch Adorno, Hannah Arendt u.a. plädiert Foucault in Anlehnung an Nietzsche für die Philosophie als Denken, als Einnehmen einer permanenten Haltung, eines Ethos, im Geiste der antiken und kantischen Aufklärung.

Ethos als permanente Haltung

Ziel von Foucaults Arbeiten war es, die Geschichte der Verfahren zu reflektieren, durch die in der Kultur Menschen zu Subjekten gemacht werden,[7] und diese der Kritik zugänglich zu machen. Foucault geht von drei Achsen der Erfahrung aus, durch die Menschen zu Subjekten werden. Er rekonstruiert die Achse der Wissensformationen, die Achse der Macht- und Teilungspraktiken, und die Achse der Selbstpraktiken, der Selbsttechniken. Ausgehend von Nietzsche folgt Foucault einem Denktypus, der die Analyse der konkreten, immer historisch situierten Voraussetzungen von Wissen, Denken und Urteilen in das Zentrum der kritischen Aufgabe rückt. Statt allgemeinen Regeln auf der Spur zu sein, geht es ihm um die Problematisierung der historisch entstandenen und gesellschaftlich wie individuell wirksamen Voraussetzungen menschlicher Erfahrungen und auch um Weltanschauungen. An diesem Punkt sieht Foucault eine Anschlussmöglichkeit an Kant: Er ist der Auffassung, dass seine Frage der Kritik an Kants Frage der Aufklärung anknüpft.[8] Er unterstützt Kants Konzeption der Aufklärung als Erziehung zum Selber-Denken, die Förderung des Philosophierens als kritischer Denkhaltung und die Förderung von Reflexions- und Urteilsfähigkeit. Kritik ist aber für Foucault, und in diesem Verständnis folgt er nicht mehr Kant, sondern Nietzsche, nicht mehr zu verstehen als transzendental-philosophi-

Abb. 8: Michel Foucault, Zeichung von Roy Boshi, 2006

sche Kritik der Vernunft, sondern als historisch-kritische Untersuchung der Ereignisse, die Menschen dazu geführt haben, sich als Subjekte dessen zu konstituieren und anzuerkennen, was sie tun, denken, sagen.

historisch-kritische Untersuchung

Kritik heißt: historische Untersuchungen, genealogische und archäologische Studien, die bestehenden gesellschaftlichen Formationen, Praktiken, Rationalitäten problematisieren, das Aufdecken solcher Strukturen, die ihre Akzeptanz jeweils erst herausbilden. Diese kritischen Untersuchungen rekonstruieren keine Bestimmungen des menschlichen Wesens, keine apriorischen Bedingungen von Erfahrung, keine geschichtlich-teleologischen Notwendigkeiten. Sie zeigen vielmehr die Zusammenhänge auf, in und aus denen heraus sich Zwangsmechanismen, Erkenntnisinhalte, Selbstpraktiken entwickeln. Foucault nennt diese Art der Prüfung, die nicht nach Legitimitätsbedingungen fragt, sondern nach den einem Ereignis vorausgehenden Entstehungs- und Akzeptabilitätsbedingungen, eine „Ereignishaftigkeitsprüfung".[9]

Foucault entfaltet Kants transzendentalen Begriff der Kritik in historischen Begriffen: statt des erkenntnistheoretischen Apriori eines denkenden Subjekts untersucht er das historische Apriori des Denkens. Aufklärung ist entsprechend nur als kritische Ontologie möglich. Sie impliziert die Kritik an Weltanschauungen, ohne subjektzentriertes Denken und Argumentieren. Kritik impliziert die ständige Reaktivierung des Ethos der Grenzhaltung, der Analyse von Grenzen und die Möglichkeit ihrer Überschreitung, die permanente Analyse unseres Seins als historisch-kritische Untersuchung, die Verabschiedung von allen Projekten, die beanspruchen global oder radikal zu sein zu Gunsten des experimentellen Tests von Grenzen,[10] das Zustandebringen neuer „Formen von Subjektivität".[11]

kritische Ontologie

Foucault analysiert auch Kontexte von Bildung und zeigt auf, wie die Beteiligung an Wissens-Diskursen und Teilungspraktiken, z.B. in der Schule, zu einer unreflektierten Konstituierung dessen führen, was wir Subjekt, humane Selbstentwicklung nennen. Er kritisiert, dass Bildung immer auch selektiert und die gesellschaftliche Stellung des zu Bildenden mitbestimmt. Er schlägt eine andere Funktion von Bildung vor: „Heute müsste man diese Funktion so gestalten, dass der Einzelne die Möglichkeit hat, sich nach seinen Wünschen zu verändern, und das ist nur möglich, wenn man Bildung zu einem permanenten Angebot macht."[12] Es geht Foucault also nicht darum, eine feste Identität, feste Weltanschauungen und Orientierungsmuster auszubilden. Subjektivierung ist vielmehr zu verstehen als eine bewegliche. Selbstkultivierung ist, im Sinne der Aufklärung und dem Ethos der griechischen Antike, als Denkhaltung der Kritik an festgefügten Überzeugungssystemen und Deutungsmustern zu verstehen. Die Kritik historischer Prozesse eröffne zugleich Räume der Veränderbarkeit und Spielräume der Selbstformung.

Spielräume der Selbstformung

Foucault zeigt mit Blick in die Antike Wege auf, sich selbst innerhalb der Gesellschaft und Kultur, in die man hineingeboren ist, verändern zu können. Menschen können nicht nur die Regeln ihres Verhaltens festlegen, sondern zugleich versuchen, sich selber zu transformieren, sich zu modifizieren und aus ihrem Leben ein Werk zu machen suchen, das gewisse ästhetische Züge trägt und gewissen Stilkriterien entspricht. Er hat im Bogen von der Antike zur Gegenwart die Seite der Lebenswelt und das Verhältnis von Philosophie deutlich im Blick.

Sorge um sich

Sorge um sich meint bei Foucault Achtsamkeit und Aufmerksamkeit, die man auf sich selbst richtet. Sie umfasst ein Ensemble von Praktiken, deren Ziel es ist, das Selbst mit der Welt zu verbinden. Es geht um permanente Beschäftigung, Arbeit mit den eigenen Verfahren und Zielsetzungen, zur Bildung eines souveränen Selbst.[13]

Dazu gehört leibliche Bildung, die um den Körper die richtige, notwendige und ausreichende Sorge trägt, den rechten Umgang mit Gesundheit, Erotik, Ernährung. Diese Bildung umfasst die Fähigkeit, Zufälligkeit und Kontingenz zu bewältigen und die Fähigkeit zum rechten Umgang mit der Zeit. Dazu ist es wichtig, sich den Tod im Leben gegenwärtig zu machen und angesichts der Endlichkeit des Lebens Handlungen, Ereignisse, Entscheidungen etc. entsprechend zu reflektieren und zu wählen.

Foucault rekonstruiert Praktiken der Selbstauseinandersetzung: Dazu gehören vor allem die Meditation und das Schreiben. Das Schreiben umfasst verschiedene Formen: Man kann sich Notizen machen über Gelesenes, über Gehörtes, über eigene Gedanken. Die hält man fest in einem Heft und liest die Aufzeichnungen regelmäßig, um sich den Inhalt zu vergegenwärtigen. Man kehrt in sich ein und prüft seine Reichtümer, die man hineingelegt hat und kann auf dieser Basis Gespräche mit sich selbst und anderen führen.

das Schreiben

Man kann aber auch das Schreiben von Tagebüchern oder Briefen an Freunde kultivieren, um sich zu zeigen, mit anderen zusammen Introspektion zu üben, Verhaltensweisen zu reflektieren und mit dem Verständnis von sich selbst abzugleichen. Dieses Schreiben gleicht der Selbsterfahrung. Schreiben hat eine therapeutische Funktion; es ermöglicht den Gewinn wahren und vernünftigen Redens das betreffend, was wir in Bezug auf die Welt sind, was unser Platz in der Welt ist, wie wir mit Ereignissen umgehen. Es hilft, Reden oder Sätze zur Hand zu haben für die Wechselfälle des Lebens, als *pharmakon*, durch Schreiben, ständige Gedächtnisübungen und Memorieren, aber auch durch Praktiken der Meditation, durch Schweigen und Zuhören. Hier ist nicht Hinhören, sondern richtiges Zuhören hinsichtlich der Körperhaltung, der Aufmerksamkeit und der Mnemotechnik gemeint.

Ziel ist die Arbeit an eigener Identität in kritischer Intention. Das Selbst müsse alle schlechten Gewohnheiten verlernen und sich falscher Ansichten entledigen. Die Fähigkeit zu praktischer Klugheit, zu Transformation ermögliche es, sich in seinem besonderen Sein zu modifizieren, aus dem Leben ein Kunstwerk zu machen, gut zu leben wissen und sein Leben selbst zu gestalten, so Foucault.

Transformation

Diese Standpunkte aus klassischen Konzepten einer Philosophie der Bildung sind immer noch sehr aktuell und können dabei helfen, seinen eigenen Standort genauer auszubuchstabieren. Neben den Ansichten der Philosophen gibt es auch in der philosophiedidaktischen Debatte vielfältige Antworten auf die Frage, warum und wie das Philosophieren, auch in der Schule, vermittelt werden sollte.

Weiterführende Literatur:

K. Meyer (Hg.): Texte zur Didaktik der Philosophie. Stuttgart 2010.

J. Nida-Rümelin, I. Spiegel, M. Tiedemann (Hg.): Handbuch Philosophie und Ethik. Paderborn 2015.

C. Runtenberg: Was ist philosophische Bildung – wenn nicht die Förderung der kritischen Arbeit des Denkens an sich selber? Über die Bedeutung der Kritik an Weltanschauungen. In: G. Raupach-Strey, J. Rohbeck (Hg.): Philosophie und Weltanschauung. Dresden 2011. S. 145-160.

II. Wozu und wie Philosophieren in der Schule?

1. Antworten prägender Theorien

Die Debatte über Inhalte versus Methoden des Philosophierens im Unterricht greift die Philosophiedidaktik erst in den frühen 1970er Jahren auf. Eigentlich entsteht die Disziplin als Subdisziplin der Philosophie erst richtig durch die Wiedereinführung der Philosophie als Unterrichtsfach in der reformierten Oberstufe und durch die Diskussion darüber, ob auch Kinder schon philosophieren können und sollten. Dadurch, dass Philosophie nicht mehr den Status eines reinen Wahlfachs hat und, nun verstärkt durch die Einführung auch in der Sekundarstufe I, seinen bildungstheoretischen Wert rechtfertigen muss, muss auch begründet werden, wie überprüfbare philosophische Kenntnisse, Fertigkeiten und Fähigkeiten vermittelt und evaluiert werden können. Dies erfordert die Reflexion über die angemessene Lernorganisation, über Ziele, Inhalte und Methoden. Vor allem die Reflexion des angemessenen Umgangs mit philosophischen Texten sowie die Frage einer angemessenen Auffassung von Wissenschaftsorientierung stehen im Zentrum der Diskussion. Das Prinzip der Wissenschaftsorientierung im Verhältnis zur Aufklärungsfunktion des Unterrichts wird in diesem Zusammenhang diskutiert. [1]

Philosophiedidaktik

Wissenschaftsorientierung

In den 70er und 80er Jahren lassen sich verschiedene Konzeptionen ausmachen, die die Polarität zwischen Wissenschafts- und Alltagsorientierung aufzubrechen versuchen. Sie begründen didaktische Konzeptionen, die die wissenschaftspropädeutische Funktion mit dem Interesse der Aufklärung des Individuums sinnvoll verbinden. Die drei heute wichtigen und zentralen Prinzipien des Philosophieunterrichts, die Problem-, die Lebens- und die Wissenschaftsorientierung werden miteinander vernetzt. Paradigmatisch ist die Kontroverse zwischen zwei Konzeptionen, die lange Zeit die Debatte beherrscht hat und bis heute nachwirkt.

Alltagsorientierung

1.1 Problemorientierter Dialog oder kritisch-hermeneutische Textanalyse?

Diese prominente Kontroverse geht aus von dem kommunikationstheoretischen Ansatz von Ekkehard Martens und dem bildungstheoretisch-identitätstheoretischen Ansatz von Wulf D. Rehfus. Die Streitpunkte im Spannungsfeld dieser didaktischen Theorien basieren auf einer unterschiedlichen Analyse der Gegenwart, verschiedenen Auffassungen über den relevanten Philosophiebegriff und entsprechend auch auf unterschiedlichen Schwerpunktsetzungen in der Lernorganisation.

Ekkehard Martens charakterisiert die **Philosophie als problemorientierten Verständigungsprozess.**[2] Er bezieht sich auf verschiedene Konzepte von Platon über Kant bis zu Wittgenstein, Peirce und Habermas. Die Dialogbasis menschlicher Redepraxis ist für Martens der Garant der Autonomie des Individuums. Lernende und Lehrer sind Mitglieder einer Dialog- sowie Handlungsgemeinschaft, die auch mit Hilfe vorliegender Dialogbeiträge des traditionellen Textbestandes der Philosophie zu eigener Tätigkeit des Philosophierens angeregt und befähigt werden. Auf diese Weise können sie sich mit Abhängigkeiten in realen Problemsituationen auseinandersetzen.

dialogische Vernunft

Die Gefahr einer unkritischen Kommunikationsforderung, in der Kommunizierbarkeit zum Kriterium von Wahrheit wird, sieht Martens sehr wohl. Ihm geht es in der Arbeit zwischen Lehrenden und Lernenden sowohl um Verständigung als auch um die Lösung praktischer Probleme der Gemeinschaftsmitglieder, geprüft am Maßstab der dialogischen Vernunft der Argumentierenden und eingebunden in theoretische Überlegungen vielfacher Art. Texte der philosophischen Tradition sollten, wie Schätze aus einer Schatztruhe, als historische Dialogpartner Einsichten für die gegenwärtige Problemorientierung fruchtbar machen. Kronzeuge des didaktischen Ansatzes von Martens ist die sokratische Methode bei Platon: Zwischen dogmatischer Bevormundung und reiner Denk- und Sprachanalyse sollten die Lehrenden und Lernenden den Weg einer gemeinsamen Problemfindung und Problemlösung gehen. Ausgangspunkt ist immer eine konkrete Problemsituation, die analysiert wird. Das implizite Vorverständnis, das jeder Mensch hat, das aber nicht jederzeit voll entfaltet zur Verfügung steht, die unbewussten handlungsleitenden Vorstellungen werden in diesem Prozess bewusst gemacht und selbst der Prüfung unterzogen. Diese Prüfung dient dem Ziel einer bewussteren und reflektierten Handlungsorientierung; sie intendiert aber nicht die Entwicklung konkreter Handlungsnormen. Ziel ist es, für den Einzelnen ein nachdenkliches Verhältnis zu sich selbst und zu der Umwelt, in der er wirkt, zu erreichen.[3]

reflektierte Handlungsorientierung

Im Vordergrund des dialogisch-pragmatischen Philosophieunterrichts steht das offene Unterrichtsgespräch. Der Lehrende muss versuchen, die Lernenden durch Texte, eigene Argumentationsbeiträge oder ein freies Unterrichtsgespräch zu einer Auseinandersetzung mit für sie wichtigen Problemen zu motivieren. Die dialogische Methode versteht Martens als dialektische Spiralbewegung dreier dialogischer Momente: dem offenen Gespräch zur Findung und Klärung eigener Interessen und Voreinstellungen, dem Hinzuziehen von Dialogpartnern durch Zuhören oder Lesen von Texten und der Problematisierung des dabei erhaltenen Dialogangebots durch Rückfragen und Diskussion. Diese problemorientierte Dialogmethode sichert das Mit- und Selbstdenken und damit eine starke Akzentuierung der Subjektseite der Lernenden im Vermittlungsprozess. Sie ermöglicht auch den Einsatz von zusätzlichen Medien wie Bildern, Symbolen, Geschichten.

problemorientierte Dialogmethode

Wulf D. Rehfus hat sich dagegen kritisch mit der dialogisch-pragmatischen Philosophiedidaktik von Martens auseinandergesetzt. Die Interpretation der platonischen Philosophie als Kronzeuge für den dialogisch-pragmatischen Ansatz hält er für verfehlt, da die platonische Philosophie Denken und Ich-Bildung fördern wolle, nicht die Kommunikationsfähigkeit. Ziel der griechischen Philosophie, so argumentiert Rehfus, war nicht die Praxis, sondern das Denken, die Kontemplation. Sokrates war aus seiner Sicht kein Philosoph, der zum Alltagswissen und zur Handlungsorientierung führte, sondern vielmehr jemand, der durch seine elenktische und suggestive Fragehaltung Wissen entlarvte.[4] Die **philosophischen Texte** charakterisiert er nicht als Dialogpartner, sondern **als historische Dialogstationen**.

Rehfus hat im Rahmen seiner Reflexion der Problemphänomene der Moderne den Zerfall der aufklärerischen Vernunft diagnostiziert. Er kritisiert den in kommunikativen Verständigungsprozessen aufgehenden Pluralismus von Meinungen als wenig erkenntnisfördernd und als Beliebigkeit im Denken. In der zu Ende gehenden Epoche der Aufklärung zerfalle die Gesellschaft in unzählige Subsysteme, die ihre jeweils eigenen Verbindlichkeiten und Vernünfte produzierten und in keinem Metadiskurs mehr zusammenzuführen seien. Daher sei der lebensweltliche Alltag nicht als ein kommunikativer Verständigungsprozess zu beschreiben. In einem kontrafaktisch auf Verständigung ausgerichteten Diskurs würden die konkreten Individuen aufgelöst in Intersubjektivität, sie würden nur noch zu Momenten einer Kommunikationsstruktur. Den Begriff der Kommunikation weist Rehfus entschieden zurück, vielmehr sollten Lernende desorientiert und über den Alltag hinaus geführt werden, um jenseits von praktischer Zweck- und Nutzenorientierung eine eigene Identität zu konstituieren. Rehfus geht davon aus, den Begriff einer Ich-Identität auf Basis der Bewusstseinsphilosophie formulieren zu können, die ein autonomes Ich als Basis der bildungstheoretisch-identitätstheoretischen Didaktik begründen könne. Dieses Ich wird nicht als über kontingente Bedingungen erhabene Instanz aufgefasst, sondern als verwoben mit der Welt gedacht. Ausgehend von einer strukturellen Wechselwirkung von Ich und Wirklichkeit wird das Ich demnach aufgefasst als symmetrische Ausdifferenzierung von Subjekt und Objekt, das denkende und handelnde Ich konstituiert sowohl sich selbst als auch die Wirklichkeit. Identität ist zu beschreiben als ein unabschließbarer Prozess der wechselseitigen Konstituierung von Subjekt und Objekt mittels sprachlicher Behauptungen. Ein Subjekt konstituiert, indem es Behauptungen über die Wirklichkeit aufstellt, sowohl die Wirklichkeit als auch sich selbst in einem kontinuierlichen Prozess.

bildungstheoretisch-identitätstheoretische Didaktik

Ziel des Philosophieunterrichts und seiner Didaktik ist für Rehfus daher eine Denkorientierung, welche die untergehende Aufklärungsepoche durchschaut, denkend aushält und nicht gleich durch praxisbezogene Orientierungsangebote begrenzt wird. Der Unterricht soll kritisch-reflexionsfähige Menschen, keine Routiniers des besseren Lebens bilden und die Antifunktionalität des Denkens fördern. Die denkerische Aneignung der Wirklichkeit auf der Grundlage der philosophischen Tradition, die im Sinne der Ausbildung einer philosophischen Identität zur Reflexion gegenwärtiger Problemstellungen herangezogen wird, stellt nach Ansicht von Rehfus eine ausreichende Orientierung dar. Ziel des Philosophieunterrichts ist die philosophische Haltung der Ataraxie (v.gr. ataraxia: Unerschütterlichkeit), die die Wirklichkeit und das beunruhigende Denken aushält. Nur das

Antifunktionalität des Denkens

kontemplative Denken ermöglicht, so Rehfus, die Bereitschaft und das Bedürfnis, vom Leben angerührt zu werden.

Im Vordergrund des identitätstheoretisch ausgerichteten Unterrichts steht die problemorientierte Analyse philosophischer Texte. Mit ihrer Hilfe sollen gegenwärtige Problemstellungen reflektiert werden. Primärmedien können, so Rehfus, nur begrifflich-diskursive, philosophische Texte sein, denn als Schriften paradigmatischer Denker vereinigen sie in sich methodisch genaues, inhaltlich nennenswertes Denken. Philosophisches Denken, so erklärt Rehfus, hat nur diesen einen, begrifflichen Eingangskanal. Alle nicht-begrifflichen Medien eignen sich nicht als Primär-, sondern nur als Sekundärmedien.

problem-orientierte Textanalyse

Die Diskussion über den Vorrang des freies Dialogs oder der Analyse philosophischer Texte führte zu wenig unterschiedlichen Konzepten der philosophischen Unterrichtspraxis. Das ändert sich mit weiteren die Debatte prägenden Konzeptionen, die über die Alternative „Problemgespräch oder Textanalyse“ hinausgehen.

1.2 Philosophieren als Kulturtechnik, als Transformation und als Arbeit am Logos

Die Konzepte, die versuchen, Philosophie und Philosophieunterricht angemessen miteinander zu verknüpfen und prägenden Charakter haben, sind u.a. die Ansätze des Philosophierens als Kulturtechnik von Ekkehard Martens, das Modell der didaktischen Transformation von Johannes Rohbeck und die Bildung als Arbeit am Logos von Volker Steenblock.

Martens selbst konkretisiert seine dialogisch-pragmatische Philosophiedidaktik in den 90er Jahren im Rahmen der Diskussion um die Philosophie in der postmodernen Kultur. In der Auseinandersetzung um eine zeitgemäße Ethik und eine entsprechende Ausbildung ethischen Urteilsvermögens kritisiert Martens verschiedene Ethiktheorien und begründet einen eigenen Ansatz. Auf dieser Basis begründet Martens auch im Kontext von Didaktik die Philosophie als elementare Kulturtechnik neben Lesen, Schreiben und Rechnen.

elementare Kulturtechnik

Nur die **Philosophie als Kulturtechnik** befähige laut **Ekkehard Martens** die Einzelnen, sich in einer reflexiven Kultur mit Hilfe des Denkens und innerhalb des Denkens zu orientieren. Die Philosophie als Kulturtechnik umfasst verschiedene Dimensionen: Zu ihr gehört zunächst eine formale Schulung rhetorisch-argumentativer Fähigkeiten, (Philosophie als Begriffs-Bildung); diese findet statt innerhalb der Praxis eines von wechselseitigem Respekt geprägten Dialogs, (Philosophie als Dialog-Handeln) und sie ist inhaltliche Schulung durch die hermeneutische Interpretation verschiedenster philosophischer Deutungsangebote (Philosophie als Deutungs-Prozess).

Urteilsbildung

Das Ziel ist die Förderung der Aufklärungsfähigkeit, der moralischen Urteilskraft, die Philosophie als Urteilsbildung. Den Ansatz der Philosophie als Kulturtechnik, der Basis zahlreicher weiterer didaktischer Konzepte wurde, hat Martens im Zuge neuer Diskussionen über Methoden im Philosophieunterricht noch weiter differenziert und als integratives Methodenparadigma, ausgehend von Sokrates, Platon und Aristoteles, ausbuchstabiert. Er entfaltet die Aspekte der Kultur und der Technik als Kunstfertigkeit des Philosophierens in Anlehnung an Kants Aufklärungsbegriff. Er begründet ein Graduierungsmodell des Philosophierens, das mit dem elementaren Philosophieren anfängt und über fünf Methoden, die man auch als philosophische Grundkompetenzen lesen kann, zum komplexen Philosophieren führt.[5]

Graduierungsmodell des Philosophierens

Johannes Rohbeck begründet das **Modell der didaktischen Transformation** philosophischer Denkrichtungen, eine Theorie der Vermittlung, die er als integrative Didaktik versteht.[6] Dabei werden die wissenschaftliche Philosophie, die Fachdidaktik und die Unterrichtspraxis als so miteinander verbunden gedacht, dass nur in der angemessen Vermittlung der Ebenen sinnvoll Unterricht gestaltet werden kann. Das bedeutet, dass die spezifischen Inhalte, Methoden und Medien der Philosophie in die Praxis zu transformieren sind. Derjenige, der Unterricht plant und begründet, geht, wie ein Förster im Wald, durch die wissenschaftliche Philosophie, die Fachdidaktik und die Anforderungen seines konkreten Lernortes und forstet diese durch nach didaktischen Potenzialen, nach geeigneten Aspekten und Elementen für den Unterricht.

abduktive Strategie

Dieses Verfahren der Transformation charakterisiert Rohbeck in Anlehnung an Peirce als abduktive Strategie. Das ist ausdrücklich keine Abbilddidaktik, die in einem deduktiven Verfahren die Aspekte des Unterrichts aus der Philosophie gewinnt. Dieses Verfahren geht hin und her und verzahnt alle Ebenen; die Strategie des fachdidaktischen Diskurses bestimmt die Auswahl und Modifikation des Übertragenen. So gewinnt er aus wichtigen Denkrichtungen der Philosophie Inhalte, Methoden und Medien für den Unterricht an verschiedensten Lernorten. Er unterscheidet noch zwischen allgemeinen philosophischen Methoden wie zum Beispiel der Hermeneutik oder Phänomenologie, besonderen Methoden der jeweiligen philosophischen Strömungen und medialen Methoden wie Lesen, Schreiben und Sprechen. Die Kombination dieser drei Methodenbegriffe mit zentralen philosophischen Denkrichtungen bringt der Fachdidaktik einen sehr bunten, fröhlichen Blumenstrauß an Ansätzen, den man aber noch in jede Richtung erweitern kann.

mediale Methoden

Volker Steenblock will die Philosophie im Interesse eines aus der Philosophiegeschichte entstanden Begriffs philosophischer Bildung, den er vehement gegen alle Arten von Anfeindungen verteidigt, so weiterentwickeln, dass die je **individuelle Orientierung der Philosophierenden** zu einem integralen Kennzeichen wird. In hermeneutischer Tradition stehend bedeutet Bildung Arbeit am Selbst und am Logos. Die Reflexion, wesentlicher Bestandteil von Bildung, sei als kulturell fortschreitendes Bemühen, als Arbeit am Logos im Interesse des Selbst, das sich auseinandersetzt, zu verstehen. Das Bildungssubjekt und der Bildungsgehalt, die Wissensgehalte, seien eng miteinander verknüpft. In jede Auseinandersetzung mit Gegenwartsfragen „wälzen" sich die kulturellen Gehalte in den Prozess ihrer Neuaneignung ein und verändern sich dabei auch.

Bildung ist aus dieser Sicht ein Modus, ein Verarbeitungs-, ein Reflexions- und ein Handlungsmodus. Die Vermittlungsstruktur in diesem Konzept versteht sich als dauernde Verarbeitung und Verknüpfung aller wichtigen Elemente, immer wieder, immer neu, immer wirklich. Gelingende Vermittlung ist also hermeneutische Arbeit an einem sich ständig verändernden Zusammenhang von Bildungsgehalten, aktuellen Fragen, Denkendem, Tradition und Gegenwart, Ideentheorie und sich orientierenden Einzelnen. Die Kluft zwischen Alltagswelt und Expertenkultur muss durch angemessene Übersetzungen überbrückt werden,

Bildung als Modus der Reflexion

reflexive Bildungsgehalte müssen in stets neuen Zugriffen auf Selbstverständigungsprozesse bezogen werden. Philosophieren bedeutet demnach Selbst- und Weltdeutung, als Arbeit am Logos, in Prozessen der Reflexion von Tradition. Das klingt danach, dass Steenblock den Stellenwert der Ideengeschichte, ähnlich wie Hegel, neu aktualisieren will. Das tut er auch, aber in seinem hermeneutischen Ansatz sind alle Deutungsangebote, Medien und Methoden aus der Tradition, auch Bilder, Filme, Literatur geeignet, diesen Reflexionsprozess weiterzuführen. Diskursive und anschauliche Medien sind geeignet. Den Prozess der Reflexion insgesamt charakterisiert er als Gespräch. Der Modus muss im Gespräch als Lehr- und Lernform vorangeführt werden. Im Gespräch begegnen sich die Lernenden als Subjekte im gemeinsamen Bildungsprozess.[7]

hermeneutischer Ansatz

Dieser Ansatz von Steenblock nimmt einen interessanten hermeneutischen Standpunkt ein, von dem aus er auch kritisch auf empirische Bildungsforschung, Optimierungs- und Effizienzstrategien schaut. Sein Subjektbegriff und seine Orientierung an der klassischen Hermeneutik kann aber in Frage gestellt oder anders akzentuiert werden.

2. Philosophieren mit Bildern

Seit Martens, Rohbeck, Steenblock und viele andere auf den zentralen Stellenwert der Methode im Philosophieunterricht hingewiesen haben, wird in philosophiedidaktischen Konzeptionen der Blick auf die methodischen Fragen der Philosophievermittlung verstärkt. Die verschiedenen Konzeptionen seit Anfang der 90er Jahre lassen sich in drei Paradigmen der Philosophiedidaktik gliedern, die sich aus unterschiedlichen Philosophiebegriffen ergeben und entsprechend unterschiedliche Methoden als grundlegend für die Förderung wichtiger philosophischer Kompetenzen favorisieren.

diskursives Paradigma

Das erste ist das diskursive Paradigma, das vor allem die Förderung begrifflich-argumentativer Kompetenzen in den Vordergrund stellt. Dessen zentrales Medium ist das Gespräch, wobei es eine ganze Bandbreite von Spielarten gibt.

hermeneutisches Paradigma

Das zweite ist das hermeneutische Paradigma, das die hermeneutisch-analytischen Fähigkeiten vor allem anhand des Mediums philosophischer Texte und der Verfahren philosophischer Textinterpretation fördern will.

Das dritte ist das symbolistische Paradigma, das in Anlehnung an Cassirer und Susanne Langer die sprachungebundenen, symbolischen, präsentativen Formen neben den sprachgebundenen, den diskursiven und hermeneutischen favorisiert und die aisthetische Wahrnehmung, die Wahrnehmung durch alle Sinne, fördern will. Das symbolistische Paradigma begreift Philosophie als Aufgabe, den Bedeutungen verschiedener symbolischer Formen nachzugehen und nach immer weiter reichenden, klareren und besser anwendbaren, artikulierten Bedeutungen zu suchen. Zwar besitzen die diskursiven Symbole, so die übereinstimmende Auffassung, ein höheres Maß an Verallgemeinerung, Mitteilbarkeit und Überprüfbarkeit, gelten aber nicht als einzige oder höchste Form menschlicher Deutungsprozesse. Das Deuten bezieht präsentative Formen wie Mythen, Bilder, Musik oder Spiel ein, das Feld der Kunst, Literatur und Musik wird für den Philosophieunterricht eröffnet. symbolistisches Paradigma

2.1 Frühe bilddidaktische Ansätze

Unsere Zeit ist von Bildern geprägt, in vielen Bereichen des öffentlichen und privaten Lebens gewinnen Bilder an Bedeutung für die Lebenswelt, auch der Kinder und Jugendlichen. Die Reproduzierbarkeit von Bildern führt mehr und mehr zu ihrer Allgegenwärtigkeit im Alltag, die Globalisierung der Kommunikation und das multikulturelle Zusammenleben lässt die Bedeutung von Bildern immer mehr anwachsen.[8] Bilder funktionieren ohne Sprache, können durch Sehen (oder Tasten) verstanden werden, gehen schnell um die Welt. Infolge der Ausbildung pluraler und heterogener Lebensformen, der Aufwertung des Ästhetischen im Umgang mit Wirklichkeit ist eine Ästhetisierung der Lebenswelt auszumachen.[9] Die heutige Wirklichkeit ist vor allem über Prozesse medialer Wahrnehmung konstituiert, mediale Bilder und Wahrnehmungsprozesse sind ein wesentlicher Teil der Lebenswelt geworden und prägen Alltags- und Weltwahrnehmung. Angesichts der Bilderflut wird es immer wichtiger, sich zu orientieren, auszuwählen, reflektiert mit Bildern umzugehen. Deshalb ist es notwendig, den Umgang mit Bildern zu lernen. mediale Wahrnehmung

Die Kompetenz, Bilder zu sehen und sich kritisch mit ihnen auseinanderzusetzen ist ein wichtiger Baustein der Selbst- und Weltreflexion und damit begründete Bildungsintention des Philo- Bildkompetenz sophie- und Ethikunterrichts. Ebenso wichtig und fruchtbar ist es, Raum zu eröffnen für ästhetische Erfahrungen. Die Betrachter von Bildern werden durch einen Bruch mit der alltäglichen Wahrnehmungsweise durch Bilder herausgefordert, die vielfachen Elemente wirken zu lassen, sich davon berühren zu lassen, sie zu deuten. Die Betrachter können in Distanz gehen und die ausgelösten Erfahrungen reflektieren. Sinnliche Wahrnehmung, emotionale, affektive Betroffenheit und rationale Reflexion werden miteinander ins Spiel gebracht, wirken zusammen und ermöglichen eine ästhetische Erfahrung. Ästhetische Erfahrung und philosophische Sinnsuche können zusammengeführt werden.

ästhetische Erfahrung

Der Umgang mit Bildern ist in der Fachdidaktik der Philosophie vielfach untersucht, praxisnah begründet und dennoch immer wieder auch kontrovers diskutiert worden. Grob lassen sich zunächst einmal zwei Begründungen der Bilddidaktik unterscheiden. In einem frühen Unternehmen wird der Umgang mit Bildern vor allem in Analogie zu sprechakttheoretischen, anderen sprachphilosophischen oder zeichentheoretischen Modellen expliziert. Die Grundidee dieser Bildtheorien ist, dass mit Bildern ebenso wie mit sprachlichen Äußerungen verschiedene performative Sprechakte, Sprachspiele als Bildspiele, zu vollziehen sind. Scholz u.a. verstehen Bilder als bildhaftes Symbolsystem, als piktoriales System, das sich durch innersystemische, syntaktische Charakteristika von anderen Zeichensystemen, wie z.B. der Sprache, unterscheidet. Ein Bild ist ein analoges, dichtes Zeichensystem mit hoher syntaktischer Fülle. Bilder haben einen Bildinhalt und einen Sachbezug, sie werden im Kontext spezifischer Darstellungskonventionen hergestellt, die Absichten des Bildherstellers werden ausgedrückt. Der Bildinhalt wird zudem immer auch gebrauchsabhängig und umgebungsabhängig vom Betrachter festgelegt. Mit Bildern können Zeichenhandlungen, kommunikative Akte vollzogen werden; Scholz spricht von „Bildspielen“.[10] Pionierarbeit für die Didaktik hat auf diesem Feld Gabriele Münnix geleistet. Sie lehnt das Bildverständnis vor allem an die Sprachphilosophie und Bildtheorie Wittgensteins, Peirces, Bergers, aber auch an die Symboltheorie Langers an und charakterisiert Bilder als kreative Akte und Ausdruck von Individualität. Bilder haben und schaffen eine eigene Realität und stellen eine Sichtweise von Welt dar. Für Münnix liegt der Verweischarakter von Bildern in ihrem Bezogen-Sein auf die Wirklichkeit, die im symbolischen Medium dargestellt wird. Verstehen lassen sich Bilder durch einen hermeneutischen Prozess, das Verstehen der Ikonographie, das Heranziehen von Informationen über den

sprachphilosophische oder zeichentheoretische Bildtheorien

Verweischarakter von Bildern

Künstler und seine Zeit, die Intention und Verwendungsweise, die mit dem Bild verknüpft sind, den Gebrauch des Bildes.[11]

Die zweite Begründung hat sich an die Arbeiten Ernst Cassirers und Susanne Langers angelehnt und eine symboltheoretische Verankerung der philosophischen Bilddidaktik etabliert. Sie ermöglicht es, recht disparate fachdidaktische Ansätze zu vereinigen wie den symboltheoretischen Entwurf Susanne Nordhofens oder das Modell des theatralen Philosophierens von Christian Gefert. Der symboltheoretische Ansatz dient auch der Unterscheidung von streng diskursiven Texten und Bildern, präsentativen Formen, mit daraus sich ergebenden bilddidaktischen Konsequenzen.

symbol-theoretische Verankerung

Der Einsatz von Bildern und ihre philosophische Interpretation im Unterricht ist seit einigen Jahren fest verankert. Viele Bildmedien mit Methodenbeispielen tauchen in Schulbüchern auf; es gibt kein Schulbuch mehr, das nur noch mit Texten, ohne Bilder, nicht in Farbdruck gestaltet ist. Die fachdidaktischen Zeitschriften widmen dem Thema eigene Ausgaben, Fachartikel zeigen praxisnahe Ansätze auf. Vor allem Maeger zeigt in verschiedensten Artikeln und Schulbüchern, wie man theoretisch fundiert, ertragreich und praxisorientiert mit Bildern arbeiten kann. Vielfältig, sehr anregend und phantasievoll sind die ausgewählten Bildgenres sowie die jeweiligen Zugänge und methodischen Umgangsweisen, die er vorschlägt. Ein an die Kunstdidaktik angelehntes Fünf-Schritt-Schema für das Bildverstehen stellt die Grundlage dar, das dann je nach Bildgenre und Einsatz im Unterricht ausgefeilt wird:

Schritte des Bildverstehens

1. das Festhalten des ersten Eindrucks
2. die inhaltliche Analyse
3. die formale Analyse
4. die metaphorische Analyse
5. die Interpretation.[12]

Er weist schon früh zentrale Einwände gegen den Einsatz von Bildern im Philosophieunterricht zurück und stellt anschaulich dar, dass und wie die Bildanalyse durchaus in jeder Phase des Philosophie- und Ethikunterrichts einen angemessenen Platz haben kann.[13]

2.2 Die Ver-Rücktheit der „Mal-mir-was"-Debatte

Zwischenruf

Mit einem Zwischenruf von Markus Tiedemann „Mal mir was!" wurde trotz fundiert begründeter, praxisorientierter Ansätze in der Bilddidaktik erneut eine Diskussion, die schon längst geführt zu sein schien, über den Einsatz von präsentativen Medien angestoßen. Im Mittelpunkt steht das Verhältnis von Sprache und nicht-sprachlichen Medien im Philosophieunterricht.[14] Die Kritik lehnt nicht generell den Einsatz präsentativer Formen ab, allerdings wird die Arbeit damit nur als Anlass zum Philosophieren, als kreative Ergänzung, mediale Bereicherung und als Produkt des genuin und essentiell philosophischen Unterrichts, der selbst diskursiv-argumentativ zu gestalten ist, akzeptiert. Zudem dürfe der Umgang mit präsentativen Formen auf keinen Fall die Fachlichkeit des Unterrichts aufgrund einer Dominanz der Methoden verdrängen, durch Lehrpläne verbindlich gemacht oder gar benotet werden.[15] Bilder haben im Philosophieunterricht einen ähnlichen Status wie Beispiele oder historische Illustrationen.

Die Berufung der Symboldidaktiker auf die Konzeption von Cassirer und Langer weist **Markus Tiedemann** zurück: Aus seiner Sicht geht es beim Philosophieren nicht um den sinnlich-imaginativen Eindruck und Darstellungskompetenzen, sondern um das Abstrahieren, das diskursive Durchdringen von Kernfragen, das Rechenschaft geben und die Prüfung der Gültigkeit von Argumenten und ihrer Prämissen. Hierfür sind Kategorien des Verifizierens und Falsifizierens notwendig. Sein Credo: „**Wir können in Bildern denken, aber nicht philosophieren**."[16]

Die Argumentation Tiedemanns, der dem Philosophieren in sokratisch-platonischer Tradition verpflichtet ist, gegen eine Überbewertung präsentativer Symbole und für ein Verständnis von Philosophieren als genuin diskursiv-argumentativer Tätigkeit, hat viel Unterstützung erfahren.[17] Die Sorge um eine zu starke Kompetenzorientierung, um eine ästhetische Verengung des Umgangs mit der philosophischen Überlieferung, die Vernachlässigung des Fachlichen, die Aufgabe des Anspruchs auf Allgemeingültigkeit und intersubjektive Wahrheitsansprüche wird formuliert. Aus sokratisch-platonischer Sicht haben, so Tiedemann, nur diskursive Formen, begrifflich-diskursive Explikationen, sprachanalytisch-

begrifflich-diskursive Explikationen

aufgeklärte Sprechakte, sprachlich argumentative Deutungsangebote übergeordnete Bedeutung für den Philosophieunterricht. Die spezifische Differenz zu anderen Fächern darf nicht verlorengehen, die präsentativen Formen sind nur als Hinführung, Ergänzung, Illustration, Veranschaulichung von Abstraktem, zur Motivation bereichernd.[18]

Die Kritiker dieses Zwischenrufs beziehen sich in ihrer Gegenargumentation auf die Philosophie der symbolischen Formen.

Aus der Sicht von **Christian Gefert** sind die kontrovers beurteilten Ausdrucksformen, die präsentativen und strenger diskursiv-sprachlichen Formen **unterschiedliche Ausdrucksarten**, unterschiedliche Modalitäten, in denen symbolische Formen zur Darstellung kommen. Die präsentative Form, so Gefert, ist weniger an den Gegenstand, also z.B. ein Schriftstück oder ein Bild gebunden, sondern an den Modus ihres Ausdrucks. Deshalb kann man z.B. einen literarischen Text durchaus diskursiv lesen. Die Sprache selbst ist ein Symbolsystem, das zerfällt in Ausdruck, Darstellung und Bedeutung. Beim Modus des Argumentierens mit sprachlich-diskursiven Symbolen sind die Bedeutungseinheiten abstrakter, linear und sukzessive, bei präsentativen Symbolen verdichtet, simultan, konkret in einer ästhetischen Form hergestellt.

Auch Sprache müsse interpretiert, gedeutet, verstanden werden. Die Bedeutung des präsentativen Symbols könne differenziert zum Ausdruck gebracht werden, ein Wahrheitsgehalt könne verstanden werden. Beide Formen seien miteinander verschränkt.[19]

Deges Kritik an Tiedemanns Polemik fällt mit guten Gründen härter aus. Sie wirft ihm zu Recht vor, den Ansatz von Susanne Langer missinterpretiert zu haben. Seine Behauptung, der Unterricht unterläge der Ästhetisierung und folge einem Übergewicht an Kompetenzorientierung und Methodenförderung, fuße auf empirisch falschen Beobachtungen. Tiedemanns Sicht auf diskursiv-argumentative Formen stellt aus Sicht Deges auch lerntheoretisch eine illegitime Verkürzung dar und übersieht, dass Bildung ein komplexer individueller Erfahrungsprozess ist. Die eindimensionale Überbewertung des philosophischen Bildungsprozesses als diskursiv-argumentative Bildung blende wesentliche Aspekte der Philosophie und des philosophischen Lernens aus wie Verarbeitung von komplexen Erfahrungen, aisthetische Wahrnehmung,

Bildung als komplexer Erfahrungsprozess

leibliche Erfahrungen, Deutung von Welt und Selbst und Deutung von Fremdem. Das Spektrum rationaler Ausdrucksmöglichkeiten in philosophischen Bildungsprozessen gehe darüber hinaus, als sich ständig weiter entwickelnder Deutungsprozess enthält er auch symbolische, präsentative Formen.

iterativer Deutungsprozess

Martina Dege geht sogar noch weiter: Es gibt aus ihrer Sicht Vorstellungen, **Konzepte, die sich gar nicht in diskursiv-sprachlichen Formen ausdrücken lassen**. Die Begegnung des Menschen mit der Welt als rein diskursiv-argumentative Operation zu charakterisieren ist eine gar nicht fachlich begründete und fatale Verkürzung. Die gesamte Tradition der Phänomenologie nach Husserl, die phänomenologische sowie existenzphilosophische Deutung des Logos-Konzepts von Platon und Aristoteles, Konzepte der genealogischen und archäologischen Philosophie, fruchtbare Ansätze aus verschiedenen Perspektiven der Hermeneutik, der dekonstruktivistischen Methode oder des narrativen Philosophierens, die philosophische Ästhetik würden ausgeblendet.

Diese Einseitigkeit sei, wie Dege sagt, störrisch, wenig fachlich, äußerst verkürzend und ein so „platter philosophiedidaktischer Irrtum", dass man sich nicht weiter damit befassen mag oder sollte.[20] Es ist viel sinnvoller, statt grundsätzliche Debatten über Texte, Sprache oder Bilder im Philosophieunterricht zu führen oder verkürzte, nicht-fachliche Ausgrenzungen vorzunehmen, differenziert, konkret und sachangemessen über Potentiale des vielgestaltigen Mediums Bild für den Unterricht nachzudenken. In diesem Geist sind vielfältige Ansätze entwickelt worden, die symboldidaktische und produktive Formen für den Philosophieunterricht eröffnen.

Potential des vielgestaltigen Mediums

Weiterführende Literatur:

E. Martens: Methodik des Ethik- und Philosophieunterrichts. Hannover 2005.

O. Scholz: Das Spektrum der Bilder. In: EU 2/2002. S. 8-14.

V. Steenblock: Philosophische Bildung als Arbeit am Logos. In: ders.: Philosophie und Lebenswelt. Hannover 2012. S. 26-36.

W. D. Rehfus und H. Becker (Hg.): Handbuch des Philosophieunterrichts. Düsseldorf 1986.

J. Rohbeck: Didaktik der Philosophie und Ethik. Dresden 2008.

III. Mehr als Arbeitsverfahren – produktive und symboldidaktische Pfade

In der Fachdidaktik tauchen der Ansatz des theatralen Philosophierens sowie der Umgang mit Bildern häufig unter den Methoden bzw. Medien auf; die produktionsorientierte Philosophiedidaktik wird in einzelnen Artikeln zur Konstruktion von Arbeitsformen genutzt. Alle drei Konzepte stellen aber paradigmatische, gut begründete fachdidaktische Ansätze dar, die produktive neue Wege für den Unterricht eröffnen.

produktive neue Wege

1. Das Konzept des theatralen Philosophierens

Der Ansatz des theatralen Philosophierens, der von Christian Gefert entwickelt wurde und kreative, leiblich verankerte Verfahren der Textverarbeitung ermöglicht, ist im symboldidaktischen Paradigma zu verorten. Er schließt sich Cassirers Philosophie der symbolischen Formen, seinem erkenntnistheoretischen Ausgangspunkt und der von Susanne Langer weiter entwickelten Theorie der präsentativen und diskursiven Formen an.[1]

theatrales Philosophieren

Christian Gefert übernimmt die Unterscheidung von diskursiven und präsentativen Ausdrucksformen.[2] Die beiden Ausdrucksformen stehen aus seiner Sicht in einem komplementären Verhältnis. Er übernimmt Impulse aus der Textkritik Platons und der dekonstruktivistischen Kritik an der traditionellen, klassischen Texthermeneutik. Bei Gefert wird keine fixierte Bedeutung des Textes mehr vorausgesetzt; vielmehr wird der Text verstanden als ein Zeichen mit einer unabschließbaren Verweisungsstruktur: **Die theatrale Form des Verstehens, des Deutens eröffnet die genauere Lektüre immer wieder neu.** Der Sinn gilt als nicht eindeutig festgelegt. Durch Interpretation ist die Suche nach immer angemesseneren Deutungen möglich. Die sprachliche Verfasstheit der Texte ist Ausgang der Arbeit mit ihnen. Sätze, Sinnabschnitte, Argumente, Begriffe aus Texten werden durch kleine Inszenierungen, durch szenische Formen interpretiert. Die Eröffnung von Textbedeutung durch szenische Darstellung und Interpretation steht im Vordergrund dieses Ansatzes.[3] Beim theatralen Philosophieren geht es darum, einen Text zu verkörpern, der keine Stimme des Autors hat.

Interpretieren heißt, den Entwicklungsprozess eines Projekts mittels handlungs- und produktionsorientierter Arbeit an theatral-präsentativen Ausdrucksformen für die Bedeutung philosophischer Texte in Gang zu setzen. Dabei werden hoch abstrakte Begriffe und Argumente in ihrer Bedeutung ausgelotet und mittels des Leibs, in szenischer Form, interpretiert.

dreistufige Bewegung des Deutens

Das theatrale Projekt umfasst immer eine dreistufige Bewegung des Deutens von Argumenten und Begriffen aus philosophischen Texten. Der Prozess mündet in einer Performance.

Erarbeitung der diskursiven Argumente und Sammeln präsentativen Materials

Die erste Stufe umfasst die Erarbeitung diskursiver Bedeutung und die Sammlung geeigneten präsentativen Materials. Das Lesen des Textes, eine erste Interpretation und das Verstehen der Argumentation des Textes sind die Grundlage. Darauf folgt die Reflexion des Textes vor dem Hintergrund des relevanten Problembezugs und der lebensweltlichen Erfahrung der Schüler und Schülerinnen. Gleichzeitig bringen die Philosophierenden präsentatives Material in den Prozess ein. Sie verdeutlichen die Vorstellungen, die ihnen bisher gekommen sind und erstellen einen Materialfundus aus selbst verfassten Dialogen oder Bewegungschoreographien, Fragmenten aus fremden Texten, Musikstücken, Filmausschnitten, Bildern oder Fotos, Requisiten, Kleidungsstücken oder Lichtchoreographien. Diese Materialien können genutzt werden für Improvisationen und die Entwicklung von Szenen. Die Philosophierenden artikulieren sich nicht nur in diskursiven, sondern auch leiblich-theatralen Ausdrucksformen. Basisimpulse für Szenen sind u.a. die im Text genannte Rahmensituation, Beispielsituationen, Sprachspiele mit dem Text, Begriffe und Argumente als Basis für sprachlose Bewegungsimprovisationen, Situationen, die die Philosophierenden mit dem Text verbinden.

Isolierung von Kernszenen

Die zweite Stufe umfasst die Isolierung von Kernszenen und die Entwicklung eines dramatischen Gesamtkonzeptes. Die Isolierung von Kernszenen wird gemeinsam entschieden, nur diejenigen Szenen werden übernommen, von denen alle überzeugt sind. Maßstab für die Angemessenheit der Szene ist das Verhältnis zwischen dem jeweiligen theatralen Ausdruck und der ersten erörterten Lesart des Textes. Die einzelnen Szenen, für die man sich entschieden hat, werden dann in ein dramatisches Gesamtkonzept eingebunden; die Szenen werden zu einem Plot verarbeitet. Auch die Dramaturgie des Ausgangstextes kann für die Performance genutzt werden. Während der Reflexionsarbeit dieser Stufe werden die einzelnen Szenen immer wieder geprobt. Auf diese Weise wird das ästhetische Profil als prägnante Ausdrucksform des Textes entwickelt und geschliffen.

Auf der dritten Stufe werden die ausgewählten Kernszenen noch einmal reflektiert. Sie werden im Zusammenhang mit der Gesamtdramaturgie daraufhin geprüft, ob sie sich für die Artikulation der Bedeutung des Textes eignen oder nicht. Dies wird in Improvisationen erprobt und diskutiert. Die ausgewählten Szenen zweiter Ordnung und die Kernszenen werden im dramaturgischen Gesamtkonzept so miteinander verbunden, dass eine Performance vor bislang nicht beteiligten Zuschauern möglich wird. Die letzte Form der Performance wird präzisiert, so dass die Festlegung auf die Haltung der Figuren, die Gestaltung des Raums, der Requisiten, des Lichts, der Kostüme oder die Integration anderer Medien in die Performance möglich werden.

Verbindung im dramaturgischen Gesamtkonzept

Das Projekt endet mit der Performance. Selbst wenn sie nicht öffentlich aufgeführt wird, ist sie immer die Zielperspektive des Unterrichtsgeschehens, weil sie die Kräfte und Erprobungen bündelt und fokussiert. Die Philosophierenden werden motiviert, sich über die Ausdruckskraft einzelner Szenen auszutauschen und sich im gemeinsamen Texteröffnungsprozess über seine Bedeutung zu verständigen.

Performance

Der Arbeitsprozess auf jeder Stufe umfasst vier Phasen, die sowohl das präsentative wie diskursive Ausdrucksvermögen fördern.[4] Insgesamt stellt das Verfahren ein kreatives hermeneutisches Vorgehen dar, das handlungs- und produktionsorientierte Verfahren der Textinterpretation ermöglicht.

2. Produktionsorientierte Philosophiedidaktik

Die produktionsorientierte Didaktik wurde im Rahmen der literaturdidaktischen Diskussion entwickelt und Ende der 90er Jahre auf die Philosophiedidaktik übertragen. Im Zentrum der produktionsorientierten Didaktik stehen Verfahren der produktiven Interpretation von Texten. Schreiben und produktives Eingreifen in Texte wird zum Bestandteil der Interpretation, der hermeneutisch-analytischen Arbeit. Schüler und Schülerinnen greifen

produktionsorientierten Didaktik

handelnd in Texte oder andere Medien ein: Sie interpretieren schreibend oder gestaltend. Sie stellen zum Beispiel zu einem Ausgangstext eigene kleinere Textproduktionen her, in denen sie ihr Vorverständnis, ihre Lektüreergebnisse zum Ausdruck bringen. Diese Produktionen, die von den Schülern und Schülerinnen hergestellten Schreibergebnisse, werden dann dazu genutzt, sowohl das Verständnis des Ausgangstextes als auch die eigenen das Lesen produktiv bestimmenden Haltungen zu überprüfen. Das Lesen, Analysieren und Interpretieren wird durch Formen des Schreibens initiiert oder unterstützt; das produktionsorientierte Schreiben wird im Prozess der Interpretation von Texten für den Lern- und Reflexionsprozess des Interpretierenden fruchtbar gemacht; kritische Textanalyse wird mit Kreativität und Phantasie verbunden.[5]

Textanalyse durch Schreiben

2.1 Prämissen und Ziele der produktionsorientierten Didaktik

Drei Voraussetzungen der produktionsorientierten Didaktik sind grundlegend, um das Schreiben der Rezipienten als produktive Form der Textinterpretation begründen zu können.

Dieser Ansatz geht (a) von einem **produktionsästhetischen Begriff** dessen aus, was einen Text ausmacht, setzt (b) ein Konzept **produktiven Verstehens** voraus und unterstellt (c), dass Textverstehen immer als ein **kreativer Akt** aufgefasst werden muss.

a) Die produktionsorientierte Didaktik lehnt den Begriff des Textes als etwas selbstgesetzlich aus sich Bestehendem, etwas enorm Schwierigem, das nur durch außerordentliche Begabung oder Genialität hergestellt werden kann, ab. Wie andere Gegenstände, Dinge, Situationen in der Welt, in der wir leben, gilt auch der Text eines Autors als etwas Produziertes, von ihm absichtsvoll nach bestimmten Regeln und unter Zuhilfenahme bestimmter Techniken handwerklich Hergestelltes.

Text als etwas Produziertes

Den Text zu verstehen heißt nun, ihn nicht als in sich geschlossenes Gebilde oder unantastbares Gefüge eines Genies zu verstehen, sondern ihn als etwas handwerklich Hergestelltes, als ein Ergebnis von Arbeit zu sehen. Die Produziertheit eines Textes zu verstehen, heißt, zu verstehen, was ihn kennzeichnet, was die im Text vorfindlichen spezifischen Merkmale, Formen und Strukturen sind.

(b) Die Vertreter der produktionsorientierten Didaktik gehen davon aus, dass auch auf Seiten der Rezipienten produktive Momente immer den Vorgang des Lesens bestimmen.[6] Das, was der Autor produziert hat, wird vom Leser koproduzierend verstanden. Der Lesende nimmt die vom Autor produzierten Textmerkmale auf und vollzieht sie koproduzierend nach in ihrer Differenz zu anderen möglichen, aber nicht realisierten Merkmalen. Der Lesende dekodiert dabei aber nicht einfach die vom Autor gesendeten Zeichen, sondern fügt den Textzeichen selbst immer etwas hinzu. Insofern ist Lesen nicht nur ein kognitiver, sondern immer auch imaginativer Vorgang. Lesen geschieht immer innerhalb eines Deutungsrahmens von Sinnsystemen, die der Lesende in einen Text hineinliest. Einen Text verstehen heißt dann nicht, Inhalte abstrakt und distanziert zur Kenntnis zu nehmen, sondern das Gelesene auf sein jeweils eigenes, an das Lesen herangetragene Sinnsystem konstruktiv zu beziehen, dies zu aktivieren und zu aktualisieren. Die Rezeption und Interpretation von Texten ist daher immer auch ein produktiver und kreativer Akt.

der Lesende als Koproduzent

(c) Die produktive und kreative Form der Rezeption ist möglich, da Texte Unbestimmtheits- bzw. Leerstellen enthalten. Diese Unbestimmtheitsstellen gestatten der Phantasie des Lesenden, seine Vorstellungen, Interessen und Wünsche in den gelesenen Text einzubringen. Diese Phantasieleistung ist nicht ganz frei, sondern geschieht innerhalb des vom Text vorgegebenen Rahmens und des Bezugssystem der Rezeption des Lesenden. Die Phantasie des Lesers verarbeitet die Textmerkmale selbstständig und kreativ. Kreativität wird in diesem Zusammenhang nicht als intuitiv-spontanes Schöpfertum des einzelnen, eines Genies, besonderen Denkers oder Künstlers verstanden, sondern vielmehr als grundlegende Fähigkeit eines jeden, neue Ideen, Argumente, Begriffe etc. durch Rückgriff auf Vorhandenes hervorzubringen. Kreativität ist daher auf die Auswertung bereits vorhandener Mittel verwiesen; sie ist nicht als völlige Freiheit oder Regellosigkeit aufzufassen, sondern als produktives Verhalten, das sich an bereits vorhandenen oder noch aufzustellenden Regeln abarbeitet. Kreativität ist wie das Verhalten von Spielenden als Problemlösungsverhalten zu verstehen. Produktion und Kreativität sind dabei nicht als Gegenbegriffe zur kritischen Analyse zu verstehen, sie sind Bestandteil davon.

Kreativität

Ziel der produktionsorientierten Verfahren im Umgang mit Texten ist es, mittels Schreibaufgaben sowohl die Textbedeutung zu konstituieren als auch die kreative Rezeption der Schüler und Schülerinnen zu provozieren, freizusetzen und so zur Grundlage kritischer Analyse zu machen.

kreativ-kritische Rezeption

2.2 Grundlegende Formen eines produktionsorientierten Umgangs mit Medien

Charakteristisch für alle Formen des produktionsorientierten Umgangs mit Texten und anderen Medien auch im Philosophieunterricht ist, dass die Schüler und Schülerinnen im Prozess des Lesens selber produktiv sind, d.h. schreiben oder gestalten, sei es, dass sie ein Bild oder Spiel gestalten, einen Text zu Ende schreiben, einen Gegentext verfassen, einen Text transformieren oder auch freie Texte zu einem Problem oder Thema schreiben. Es lassen sich vier grundlegende Formen ausmachen, die jeweils weiter auszudifferenzieren sind.

produktive Konkretisation

a) Mit dem Verfahren der produktiven Konkretisation wird der Lesende selbst zum Koproduzenten des Textes. Die Konkretisation setzt an bei sogenannten Lücken, Unbestimmtheitsstellen und Leerstellen von Texten, die der Lesende auszufüllen versucht, um die Unbestimmtheit zu vermindern oder unanschauliche Abstraktionen anschaulicher zu gestalten. Der Lesende konkretisiert und erweitert den ihm vorliegenden Text durch seine Phantasie und bringt so eigenes Erleben, eigene Erfahrungen unbeeinflusst vom Lehrenden und von Mitschülern in das Verstehen des Textes ein. Das erste Stadium der Konkretisation ist die subjektive Aneignung des Textes, die Projektion eigener Gedanken und Erfahrungen des Lesenden in den Text. Dabei wird vorausgesetzt, dass ein offener, nicht gelenkter Umgang mit Texten bei Schüler und Schülerinnen Behauptungen provoziert, für deren Begründung sie spätestens dann auf den Text, auf den philosophischen Input zurückgreifen müssen, wenn ihre Behauptungen auf Widerspruch stoßen. Statt eine vorgreifende Inhaltssicherung vorzunehmen, initiiert die produktionsorientierte Herangehensweise eine subjektive Lesart, die erst im Prozess der Verständigung sich rückfragend des Textes vergewissert.

Schritte der Interpretaion

Die Konkretisation dient der Interpretation des Textganzen. Die Schritte von der Konkretisation zur Interpretation verlaufen über drei Phasen:

1. Formulierung und Veröffentlichung der jeweiligen Konkretisation
2. Gegenüberstellung der Ergebnisse in der Lerngruppe
3. Rückbezug und Rückfragen an den Text

Die Interaktion mit dem Text führt zur Arbeit am Text mit dem Ziel, seine Strukturen, Inhalte, die geschichtlichen und gesellschaftlichen Bezüge und die Voraussetzungen seiner Rezeption deutlicher und differenzierter zu erfassen.

Visualisierung von Texten

b) Die visuelle Darstellung gelesener Texte ist ein Beispiel für einen methodischen Zugriff, der das Interesse am textgenauen Lesen wecken und für die Bedeutung des genauen Lesens sensibilisieren kann. Bei dem Verfahren der visuellen Darstellung eines gelesenen Textes geht es nicht nur um Strukturskizzen, sondern um die Transformation des Gelesenen in ein anschauliches Bild wie zum Beispiel den Entwurf eines Umschlagsbilds oder eines Werbeplakats, das auf den Text verweist. Andere Möglichkeiten sind das Illustrieren wichtiger Textstellen durch Bilder, Collagen und Bildfolgen oder die Umsetzung eines Textes oder einer Textsequenz in einen Comic. So lassen sich Aphorismen zu Demonstrationsplakaten gestalten oder Vertragstheorien können in Comics übersetzt werden.

Rezeption eines modifizierten Textes

c) Bei der produktiven Rezeption eines modifizierten Textes werden die Original-Texte, die die Schüler und Schülerinnen bearbeiten sollen, vom Lehrenden modifiziert. Durch die Modifikationen wird die Rezeption gestört und dadurch eine Eigentätigkeit innerhalb der Rezeption ausgelöst: Die Textvorlage muss intensiv gelesen werden, um sie auffassen und verstehen zu können. Vom Lehrenden eingebaute Störfälle, Auslassungen etc. müssen bemerkt und in ihrer Rezeption verarbeitet werden. Diese Eigentätigkeit initiiert eine Analyse des Textes. Ein Beispiel stellt die Auslassung von Textteilen dar. Überschriften oder unterschiedliche Textteile, z.B. ein für die Schlusslösung wichtiges Mittelstück, können ausgelassen werden. Die Schüler und Schülerinnen müssen die ausgelassenen Textteile ergänzen; das eigene Stück muss begründet und mit dem Original verglichen werden.

produktive Veränderung eines Originaltextes

d) Bei der produktiven Veränderung eines Textes werden Textvorlagen von den Lernenden selbst produktiv verändert. Neben Veränderungen von Textmerkmalen lassen sich Texte transponieren, indem sie für eine andere Zeit geschrieben werden, an andere Adressaten gerichtet werden, ihr Stil verändert wird, aktuelle Bezüge eingearbeitet werden oder der Text in eine aktualisierte Fassung oder Gegenfassung geschrieben wird. Man kann aus Texten Songtexte machen, oder aus Songtexten philosophische Texte oder Ähnliches.

2.3 Ziele der produktionsorientierten Verfahren

Die produktionsorientierten Verfahren können die analytisch-kritische Texthermeneutik um Verfahren ergänzen, die die Eigentätigkeit der Schüler und Schülerinnen stärken. Die Grundannahmen der produktiven Hermeneutik, die das Lesen als produktives Handeln beschreiben und die Funktion von Texten in der Funktion von etwas Mitzuteilendem fassen, gelten grundsätzlich für das Lesen überhaupt und damit auch für das Lesen philosophischer Texte. Die philosophische Interpretation intendiert die Verbindung zwischen philologischer Sorgfalt im Sinne einer objektiven Angemessenheit der Interpretation und dem Interesse des Lesenden an Problemen. D.h. die subjektive Interpretation und die objektive Angemessenheit müssen sich ergänzen, um ein historisierendes Wissen einerseits und ein freies Fabulieren andererseits zu verhindern. Dieses Ziel methodisch zu initiieren ist das Anliegen der produktionsorientierten Didaktik. Der Begriff der Kreativität, wie er von der produktionsorientierten Didaktik begriffen wird, kann mit der Tätigkeit des Philosophierens verbunden werden. Kreatives philosophisches Denken ist eine lustvolle und zugleich bedrohliche Tätigkeit. Das kreative Spinnen von Gedanken ist innovatives und intuitives Denken. Zum Verständnis eines Textes gehört die Reflexion des in das Verstehen eingewobenen Vorverständnisses. Um nicht im Netz des Vorgegebenen gefangen zu bleiben und zum kritischen Selbstdenken zu gelangen, ist es notwendig, eigene Voraussetzungen des Verstehens zu analysieren, gesellschaftliche Begrifflichkeiten zu problematisieren, kritische Arbeit an den jeweils eigenen Begriffsnetzen zu leisten. Schreib-Verfahren, die unter Beibehaltung der Funktionen kritischer Analyse kreative, phantasievolle Wege der Text- und Selbstreflexion, können das Spinnen und Weben eigenständiger Gedanken und das Einweben dieser Gedanken in die Interpretation der fertigen Gedanken anderer und damit mehr philosophische Eigentätigkeit der Interpreten ermöglichen. Die Förderung verschiedener philosophischer Grundkompetenzen, das Wahrnehmen des eigenen Vorverständnissens, das Deuten fremder und eigener Welthaltungen, das Schreiben und Präsentieren, das Analysieren, Argumentieren und Urteilen werden auf spielerische,

produktive Hermeneutik

Voraussetzungen analysieren

philosophische Grundkompetenzen

experimentelle und lustvolle Weise in einem Lernprozess organisiert.

3. Die Fundierung des Philosophierens mit Bildern

3.1 Was ist ein Bild und wie kann man ein Bild verstehen?

Seit 2013 liegt eine differenzierte philosophisch fundierte Bilddidaktik vor, die die Arbeit mit verschiedenen Bildtypen sinnvoll an die Lebenswelt der Schüler und Schülerinnen anbinden kann. Die methodischen Erschließungsweisen, die Vielfalt und Diversität von Bildformen, deren charakteristischen Wahrnehmungs- und Deutungsweisen und die Einsatzmöglichkeiten im Unterricht stellen ein riesige Fundgrube für didaktische Begründungsmöglichkeiten, theoretische Hintergrundinformationen und praktische Anregungen dar. Dazu ist es aber wichtig, herauszustellen, was es heißt, ein Bild zu verstehen.

bilddidaktische Fundgrube

Stefan Maeger entwickelt seinen Ansatz in Auseinandersetzung mit verschiedenen Bildtheorien. Die Bedeutsamkeit von Bildern konstituiert sich aus seiner Sicht durch verschiedene Merkmale, die an dieser Stelle nicht im Einzelnen aufzuführen sind. Diese Merkmale bedingen, dass **Bilder vieldeutige Medien** sind; das Verstehen benötigt verschiedene Zugangsformen. Im Deutungsprozess ist keine eindeutige, abschließende symbolische Ordnung zu strukturieren; ein Deutungsrest bleibt offen.[7] Man kann Bilder untersuchen und Erfahrungen mit ihnen auslösen. Ein Verstehen von Symbolwelten muss aber gefördert werden, wie das Verstehen von Texten auch; ein „symbolisches Alphabetisierungsprogramm [...] kann hier anregend sein"[8] und die Wahrnehmung, die Emotion und die Reflexion fördern. Dafür muss jeweils der erkenntnistheoretische Status der einzelnen symbolischen Formen geklärt werden, damit die verschiedenen Potentiale der Symbolisierungen entfaltet werden können.

Für die Klärung, was es heißt, ein Bild zu verstehen, bezieht sich Maeger auf vier Dimensionen, die er aus unterschiedlichen Bildtraditionen gewinnt. Ein Bild sieht man zunächst, und hier folgt Maeger Wittgenstein, immer als ein Resultat bildkonstitutiver Kompo-

Abb. 9: Hase oder Ente?

Sehen-als

nenten des Sehen-als, nicht als Objekte des Bildsehens. Wittgenstein nennt das „Aspektsehen", das am Sehen von Kippbildern gut zu veranschaulichen ist.

Was der Betrachter sieht, hängt davon ab, wie er sieht und sehen will. Das Aspektsehen ist willentlich zu beeinflussen; man muss dem Bild konzentrierte Aufmerksamkeit zuwenden. Man kann nur einen Aspekt wahrnehmen, nicht zwei gleichzeitig. Das Sehen ist eine Aktivität. In sie fließt eine Sichtweise, eine imaginative Vorstellung ein. Das Aspekterleben kann nicht als falsch verworfen werden; die Äußerung „ich sehe darin", ist infallibel. Die Deutungshypothese: „da ist zu sehen" kann aber schon widerlegt werden. Verschiedene Modi des Sehen-als sind zu unterscheiden: der projektiv-entwerfende, der spielerische und der emotive Modus. Das Sehen-als impliziert immer auch ein Absehen-von und ein Vorstellen-als. Typen des Sehen-als und Dimensionen des Bildsehens werden systematisiert und anschaulich dargestellt.[9]

Sehen-in

Die Dimension des Sehen-als ist inadäquat, wenn man die Prozesse des Bildsehens analysieren will. Die Darstellung von Situationen, Geschehnissen in Bildern, die Merkmale des Mediums selbst können damit nicht beschrieben werden. Um diesen Vorgang zu bezeichnen wird der Begriff des Sehen-in vorgeschlagen. Kern dieser Auffassung ist, dass Bildsehen nicht nur auf der Wahrnehmungskompetenz, sondern auch auf dem Vermögen der imaginativen Kompetenz des Betrachters fußt. Die reine Erfassung der formalen Struktur eines Bildes entspricht noch nicht dem Bildsehen, ebenso wenig ist der Sprung auf die Deutungsebene des gegenständlichen Inhalts ausreichend. Hier sieht Maeger Anzeichen für die Notwendigkeit einer komplexen Bildbetrachtung. Sinnvoll ist die ausgedehnte, langsame, verzögerte und gemeinsame Bildbetrachtung, weil die Interpretation durch verschiedenste Perspektiven der verschiedenen Betrachter bereichert wird. Im gemeinsamen Auslegungsprozess kann die gemeinsame Anstrengung deutender und sprachlicher Justierung verwirklicht werden. Maeger stellt ein grundlegendes Phasenmodell des wahrnehmungs-disziplinierten Imaginierens anhand diverser Bildtypen vor.[10]

Komplementär dazu kann das Bild selbst als Präsentation einer Sichtweise verstanden werden, als ein Zeigen-als, als „erstarrte Geste".[11] Dem Bildsehen geht immer ein Sehen-als und ein Absehen-von des Herstellers des Bildes voraus. Das Bild ist also immer Ergebnis von zwei Handlungsformen: der Erzeugung des Bildträgers und dem bildverarbeitenden Umgang des Betrachters. Maeger erläutert, inwiefern das Zeigen-als als die Präsentation einer Sichtweise zu verstehen ist. Ein Bild ist immer ein Zeigegestus, der Gewichtungen vornimmt, pointiert oder auch zurückstellt, und ein Anblick, der wahrgenommen wird. Beide Formen sind als Verlängerung leiblicher Ausdrucksvermögen zu sehen. Starke Bilder glänzen durch ihren Beitrag, etwas sichtbar zu machen, einen Anblick zu gewinnen. Zeigen-als

Zugleich ist die Dimension des Sich-zeigen-in grundlegend. Diese vierte Dimension verweist auf die nichtthematischen, aber immer mitschwingenden Ausdrucksqualitäten von Bildern. Hier geht es nicht um die Ebene der Darstellung von Ausdruck (ikonisch und konventionelle Komponente), sondern den Ausdruck, der im Bild sichtbar wird (symptomatisch-indexikalische Komponente). Das, was die Betrachtenden im Sehen-als verifizieren können, der Raum für die Autonomie des Bildsehens, für die symptomatische Lektüre, das Gespür für das Mitgezeigte steckt hier. Wichtig ist die doppelte Lesbarkeit des Bildes – es gibt den sprachlichen Logos als Modus (die semantische Bedeutungsrelation) und die nicht-prädikative bildliche Rationalität als Modus (die phänomenale Ausdrucksrelation). Dies sind zwei komplementäre Formen des Weltbezugs.[12] Sich-zeigen-in

3.2 Dimensionen der Unterrichtsplanung und der Formulierung von Bildkompetenzen

Maeger weist darauf hin, dass man in Bezug auf den Einsatz von Bildern von einem engen oder weiten Bildbegriff ausgehen kann. Der enge Begriff von Bildlichkeit meint, dass das Bild ein komplexes Zeichen zur Darstellung einer Sichtweise mit einem hohen Grad von Anschaulichkeit ist. Das Zeichen ist bestimmt nach produktionsästhetischen und werkästhetischen Kriterien. Im weiten Begriff von Bildlichkeit wird das Bild als komplexes Zeichen verstanden, das im Modus der Anschaulichkeit betrachtet wird und ein mehrstimmiges Sehen hervorruft. In diesem Sinne kann alles zum Bild werden, was im Modus des Sehen-in mehrstimmiges Sehen betrachtet wird, bei dem in der Wahrnehmung ein Gewahrwerden geschieht. Dieses initiiert ästhetisches Denken, ästhetische Rationalität, die Reflexion der eigenen leitenden Bildlichkeit. Bilddeutung hat damit auch eine ethische Dimension: Sie fördert Sensibilisierung, Aufmerksamkeit und Achtsamkeit, kontextsensible Wahrnehmung von konkreten Situationen, atmosphärisches Wahrnehmen.[13] Die Förderung differenzierter philosophischer Bildkompetenz muss die verschiedenen Dimensionen berücksichtigen.

philosophische Bildkompetenz

Wichtig sind drei Dimensionen der Unterrichtsplanung im Philosophie- und Ethikunterricht: die methodische, die mediale und die thematische Planungsdimension.

methodische, mediale, thematische Planungsdimension

- Die methodische Dimension nimmt die Verfahren in den Blick, mit denen der Umgang mit Bildern gerechtfertigt wird.
- Die mediale Dimension betrifft die Analyse dessen, was ein ausgewähltes Bild ausmacht, die erkenntnistheoretischen Untersuchungen des Verhältnisses von Wirklichkeitserfassung und Bildbeispiel sowie medienethische und medienkritische Aspekte.
- Die thematische Planungsdimension ermöglicht die Verknüpfung mit philosophischen Fragen und Deutungsangeboten. Hier geht es vor allem um die narrativ-visualisierende Ebene von Bildern.

Bildkompetenzen lassen sich fördern, wenn auf allen drei Planungsebenen reflektierte Entscheidungen getroffen werden. Instruktiv ist die gemeinsame Bilderfassung, denn der semantische Raum, die Vielfalt von Sichtweisen und Deutungen, erleichtert das Bildverstehen. Viele verschiedene individuelle perspektivische Betrachter-Horizonte ermöglichen einen fruchtbaren Austausch. Kreative Arbeitsformen, produktionsorientierte Zugangsweisen können zum Knotenpunkt eines gemeinsamen Prozesses werden. Dieser sollte auch nach Kriterien der Entschleunigung stattfinden, damit die Wahrnehmungsdifferenzierung, die Förderung von Modellbildung und die Stärkung von Fantasie Raum haben.

gemeinsame Bilderfassung

Inwieweit die Intention des Bildproduzenten analysiert und problematisiert wird, hängt, genauso wie beim Lesen von Texten, von der Bildungsintention der jeweiligen Unterrichtseinheit ab. Die bilddidaktische Planung und Rechtfertigung muss, wie andere Entscheidungen auch, im Kontext der komplexen Bedingungsanalyse von Unterricht stattfinden.

Ausgangspunkt der Kompetenzförderung ist immer die Formulierung von Kernkompetenzen, die anhand der Spezifik der einzelnen Bildtypen und der Typisierung visueller Erfahrungen entwickelt werden müssen. Diese Kompetenzen können, indem sie als Komponenten von Bildkompetenz beschrieben werden, durchaus so formuliert werden, dass ihre Progression von basalen bis zu komplexen Fähigkeiten und ihre Überprüfung im Unterricht möglich ist. Die Bildkompetenz umfasst grundsätzlich verschiedene Komponenten des Bildsehens, die auf der ästhetischen Anerkennung des betrachteten Bildes beruht. Auf der Basis des weiten Bildbegriffs kann diese ästhetische Erfahrung durch alle Bilder, auch durch ein Fundstück am Strand oder den Tintenklecks, ausgelöst werden. Ästhetische Anerkennung meint: Am Wahrgenommenen wird eine Erfahrung gemacht, die die Bereitschaft zur ästhetischen, auf Wahrnehmungen fundierten Erfahrung zulässt. Diese theoretische Fundierung der Bilddidaktik eröffnet den Raum für Lehrende, das konkrete Bildmedium jeweils in seiner Spezifizität zu analysieren, didaktisch zu transformieren und im Philosophie- und Ethikunterricht neben anderen Formen des Philosophierens einzusetzen.

Komponenten von Bildkompetenz

Die dargestellten Konzepte eröffnen viele Möglichkeiten für die Unterrichtspraxis und stellen eine wichtige Landkarte für die eigene Orientierung dar. Bevor die Schatzkiste und die Werkstatt des Philosophierens geöffnet wird, soll begründet werden, wie mit aktuellen Herausforderungen der philosophischen Bildung umgegangen werden kann.

Weiterführende Literatur:

C. Gefert: Didaktik theatralen Philosophierens. Dresden 2002.

S. Maeger: Umgang mit Bildern. Bilddidaktik in der Philosophie. Paderborn 2013.

C. Runtenberg: Didaktische Ansätze einer Ethik der Gentechnik. Freiburg, München 1998.

IV. Philosophische Bildung heute

Seit von Humboldt bezeichnet der Begriff der Bildung den Prozess ganzheitlicher Bildung des Menschen im Sinne einer individuellen Identitätsfindung. Der Prozess findet statt in einem produktiven Spannungsverhältnis zwischen Selbstbestimmung und theoretischer Tradition, zwischen praktischem Anspruch und theoretischer Ausrichtung. Philosophische Bildung ist zugleich eine kulturerzeugende, kulturfortschreibende sowie kritische menschliche Tätigkeit. Sie impliziert die Arbeit an sich selbst und an der das Selbst umgebenden Welt. Deutungs-, Argumentations-, Reflexionskompetenz und Urteilskraft als vernunftbestimmte Voraussetzungen der eigenen Orientierung gelten als unumstrittenes Bildungsziel der Philosophie.[1] Wichtig, so die Auffassung, sei die jeweils eigene Orientierung in der komplexen Welt, denn weltweite Probleme werfen komplexe Fragen auf. Autonomie, ein erneuerter Humanismus, Freiheit der Lebensgestaltung, die Förderung der Fähigkeiten ein gutes Leben zu gestalten, ethische Orientierung, die Fähigkeit zur kritisch-rationalen Argumentation, zur intersubjektiven Begründung von Urteilen sowie zur reziproken Rechtfertigung von Argumenten, Empathie sowie Verantwortung werden als oberste bildungsphilosophische Prinzipien begründet.[2] Dieses Verständnis der ganzheitlichen Bildung des Subjekts kann spätestens seit der philosophischen Kritik am Subjekt nicht mehr auf die Entfaltung eines soliden, wesenhaften Ich-Kerns bezogen werden.

philosophische Bildung

kein wesenhafter Ich-Kern

1. Philosophische Bildung neu denken – Philosophieren als kritische Haltung

Hatte Nietzsche bereits für das 19. Jahrhundert den Zerfall des humanistischen Bildungsideals analysiert, diagnostizieren Adorno, Foucault, Arendt und andere nach den Erfahrungen des Zweiten Weltkrieges, dass Bildung neue Akzente setzen sollte wie die Förderung widerständigen Denkens, der Fähigkeit des Spürens, der Kritik und der Sorge um sich und andere. Verschiedene wissenschaftliche, gesellschaftliche, philosophische Analysen geben diesem Ansinnen Recht.

1.1 Entwicklungs- und lernpsychologische Voraussetzungen

Die an Diskurstheorien angelehnten didaktischen Konzepte, die von einem historisch-genetischen und prozessualen Begriff von Erkenntnis- und Urteilsfähigkeit ausgehen, setzen voraus, dass sich Subjektivität, Erkenntnis- und Urteilsfähigkeit mit dem Ziel des kritischen und selbstbestimmten Denkens, Argumentierens und Urteilens in der Interaktion mit der sozialen und natürlichen Um- und Mitwelt des Individuums über verschiedene symbolische Ausdrucksformen entwickeln. Entwicklung und Lernen verlaufen aus dieser Sicht innerhalb eines Prozesses des Erwerbs konstruktiv-interaktiv erworbener Strukturen des Erkennens und grundlegender Kompetenzen der Lebensbewältigung. Kompetenzförderung ist entsprechend zu verstehen als die Ausdifferenzierung von Grundfähigkeiten innerhalb eines Rahmens individueller biografischer Erfahrungen.[3]

Ausdifferenzierung von Grundfähigkeiten

Die in der Fachdidaktik übliche Orientierung an Ansätzen von Kohlberg oder Habermas, deren Theorien spezifischer Entwicklungen der moralischen Urteilsfähigkeit sowie ihre Stufen-Modelle des frühkindlichen Moralverständnisses sind zwar als heuristische Instrumente hilfreich, aber auch sehr umstritten und empirisch revidiert.[4] So konnten Edelstein und Keller zeigen, dass sich ein Verständnis von Verpflichtung und Verantwortlichkeit nicht in kognitiv-strukturtheoretischen Schritten, sondern vielmehr in Beziehungen der Reziprozität wie der Freundschaft ausdifferenziert. Der Ursprung interpersonal-moralischer Verpflichtung liegt eher in der Genese von Beziehungen, in denen sich über die Regelhaftigkeit von etablierten Handlungsmustern Gefühlsbeziehungen, Solidarität und moralische Orientierung entwickeln.[5] Turiel konnte nachweisen, dass auch kleine Kinder schon ein klares Konzept von moralischen Regeln besitzen: Sie erkennen Unrecht als Unrecht, sie können das Gebot der Nichtschädigung Dritter von Klugheitsregeln unterscheiden, sie differenzieren zwischen Regeln, die immer und überall gelten und sozialen Konventionen, die durch Autoritäten verändert werden können sowie subjektiven Präferenzen, die dem eigenen Willen unterliegen.[6] Die Altruismus-Forschung zeigt, dass Kinder schon früh häufig spontan altruistisches Verhalten zeigen: Sie helfen anderen, trösten und teilen, weil sie auf die Notlage anderer Hilfsbedürftiger reagieren wollen.[7] Döbert und Nunner-Winkler verweisen darauf, dass schon junge Kinder über ein Regelverständnis verfügen und kompetente moralische Akteure sind; sie verfügen schon früh über ein nicht-instrumentalistisches Moral-

Urteilsfähigkeit

Genese von Beziehungen

kompetente moralische Akteure

verständnis. Sie können ihr Handeln an moralischen Normen orientieren und angemessene moralische Begründungen geben. Jedoch denken Kinder, dass jemand, der die Basisregeln übertritt, durchaus ein glücklicher Mensch sein kann. Daraus schließen Döbert und Nunner-Winkler auf zwei Stufen moralischen Lernens: Zunächst wird ein angemessenes moralisches Regelverständnis erworben. Erst danach wird das Verständnis für moralische Motivation aufgebaut, die Bereitschaft, das als richtig Erkannte auch im Handeln durchzuhalten.[8]

Moralisches Lernen ist demnach weniger als ein allmählicher, über Stufen verlaufender Erwerb des Standpunkts der Moral aufzufassen, sondern vielmehr als Prozess der Anwendung von moralischen Basisregeln auf zunehmend komplexere Kontexte.[9] Auch das Lernen und die Lernprogression insgesamt verlaufen nicht über starre, altersspezifische Stufen.[10]

Anwendung auf komplexe Kontexte

1.2 Identität des Selbst – phänomenologische und psychologische Transformationen

Die entwicklungs- und lernpsychologischen Erkenntnisse und die Konzepte der Philosophie als kritische Haltung kann man mit Argumenten aus der Phänomenologie, Psychologie und der narrativen Psychotherapie untermauern, die den Begriff der dynamischen Identität des Selbst als Grundlage für einen zeitgemäßen Bildungsbegriff angemessen ausbuchstabieren. Aus dieser Sicht gibt es einen zentralen Zusammenhang von Leiblichkeit, narrativ gefasster Struktur von Wirklichkeit und der Identität des Selbst. In Anlehnung an Martin Heidegger, Hannah Arendt sowie Helmuth Plessner muss das soziale Sein des Menschen als eines begriffen werden, das jede ausdrückliche Trennung vom Ich und Anderen, jede Zuschreibung von Selbst- und Fremdkonzeptionen immer schon unterlaufen hat. Denn jedes einzelne Selbst, jedes Menschenkind ist immer als faktisches und konkretes Selbst zu begreifen. Es ist als leibliches Wesen in eine Wirklichkeit geworfen, die schon durch andere narrativ strukturiert ist, und es muss sich von Anfang an und immer in der Auslegung seiner selbst als historisches und nicht-egozentriertes Selbst erfassen. Individualität existiert immer schon in einer Atmosphäre der Sozialität. Inter-Subjektivität ist immer leibliches Zur-Welt-Sein, das Ich und der Andere sind immer fundamental vermittelt in leiblichen Kontexten.[11]

narrative Struktur von Wirklichkeit

leibliches, soziales Wesen

Wahrnehmung und Erkenntnis von Welt ist entsprechend polyzentrisch und perspektivisch aufzufassen.[12] Das wahrnehmende, erkennende Ich hat keinen festen, wesenhaften Kern, es ist ein geschichtliches und leibliches Wesen, das seine Identität immer wieder dynamisch herstellen muss. Identität verläuft, darauf weist Hoffmann hin, über Erinnerung, über Institutionen wie Fakten, über Kreation und ihre Vernetzung. Der rote Faden der Identität wird gesponnen vom Selbst in der Auseinandersetzung mit der eigenen Geschichte, durch das Erinnern, in der Aktivität, das Gedächtnis ins Spiel zu bringen.[13] Aus dieser Sicht kann ein menschliches Wesen zugleich eine in der Zeit konstante Dimension der Identität mit sich dennoch wandelbaren Reihen von Attributen, mit einem hybriden und dynamischen Verständnis des Selbst verbinden.[14]

dynamisch herzustellende Identität

Diese phänomenologische Sichtweise wird unterstützt durch Reflexionen der modernen Psychologie und die narrative Psychotherapie.[15] Identität, die Autonomie des Selbst gestaltet sich im konkreten, historischen Kontext. Das Selbst muss sich, als dynamisches, selbst Sinn verschaffen. Zentral dafür ist die Hermeneutik des Selbst und der Welt, in der es sich aufhält.

1.3 Konsequenzen für die Bildung

Theorien der Entwicklung des Selbst, wie z.B. Theorien der kognitiven Entwicklung und der Genese von Intelligenz und moralischem Bewusstsein, sollten diese Erkenntnisse berücksichtigen; solche Modelle sollten nicht von der konkreten Reflexion abstrahieren, die auch bei Erwachsenen zum Teil fundiert wird durch uneinholbare anonyme Voraussetzungen. Die Vorstellung, dass sich Vernünftigkeit vom Kind zum Alter in einem Stufen-Prozess vom Egozentrischen weg gegen das nur Disziplinierte hin zum Vernünftigen entwickelt, ist aufzugeben. Vielmehr sollte der Blick umgekehrt werden, und das Kind sollte auch gegen die Erwachsenen sein Recht behalten. Denn das Denken des Kindes umfasst Elastizität, Perspektivenvielfalt und Leibliches, Aspekte, die gegen reine Intellektualität zu verteidigen sind. Kindliche Intersubjektivität orientiert sich nicht an festen Rollen und folgt keiner strengen Sukzessivität, sondern ist als lebendige Inter-Subjektivität und Dezentrierung zu verstehen, charakterisiert durch Krisen und Umbrüche, nicht durch linear-hierarchische Elaborationen zunehmender Rationalität.[16] Zu verteidigen sind

Denken des Kindes

die spontanen, elastischen, offenen, nicht-permanenten, mehrwertigen und mehrdeutigen Weisen kindlichen Daseins.[17]

Ein heute für das Konzept der Bildung relevanter „Humanismus" kritisiert entsprechend den Diskurs vom Wesen des Menschen und des Subjekts und spricht von der Vielfalt der jeweils lebendigen, einmaligen Individuen. Die Fixierung auf das Subjekt, den festen Ich-Kern, das stabile Selbst muss selbst als Problem herausgeschält werden. Der Mensch ist als reflexive Kontingenz aufzufassen, als geschichtliches Wesen, das sich immer wieder neu erfinden muss. Philosophische Bildung sollte festgefügte Überzeugungssysteme und Deutungsmuster kritisch analysieren und ein Ethos der Grenzhaltung einnehmen.[18] Sie erkennt die Kontingenz und Standortgebundenheit des menschlichen Lebens an und begrüßt die Freiheit des Anderen sowie die Vielfalt der Lebensprozesse. Sie fördert eine bewegliche Subjektivierung und nimmt auch die Kontexte in den Blick, die eine solche Beweglichkeit ermöglichen oder behindern.

Vielfalt lebendiger Individuen

1.4 Spüren und Verkörpern als Kompetenz des Philosophierens

Unter anderem haben Nietzsche, Plessner sowie verschiedene Phänomenologen wichtige Hinweise auf die Bedeutung der Leiblichkeit für die Philosophie gegeben. Leibliches Spüren ermöglicht das Bezogensein auf Begebenheiten in der wahrnehmbaren Welt; Wahrnehmungen drücken sich aus in leiblichen Regungen. Der Leib ist eine wichtige Grunddimension des Personalen, ein basaler Spielraum von Kommunikation, leibliche Resonanz schwingt immer mit.

Leiblichkeit

Fachdidaktiker wie Gefert haben auf die Bedeutung des Zusammenhangs von Bildung und Leiblichkeit hingewiesen und aufgezeigt, wie beide in eine fruchtbare Beziehung gesetzt werden können.[19] Unser Wissen, unsere Ausdrucksformen sind nur als verkörpertes Wissen über unseren Leib zum Ausdruck zu bringen. Gerade auch im Schulunterricht sind sinnliche Wahrnehmungen, Gesten mit Kopf, Arm, Hand und Fingern, Mienen des Ausdrucks, tonale Modi von Äußerungen sowie atmosphärische Stimmungen relevant. Lernen stellt nicht nur eine Vielfalt synaptischer Aktivitäten dar. Menschen mit ganzheitlichen Körpern, mit ihrem Leib, agieren beim Lernen. Unser Leib waltet mittels eines impliziten Wissens, das uns als Haltungen eingeprägt, einverleibt ist und den Habitus des Einzelnen prägt.[20] Aktuelle Leiblichkeit ist immer schon getragen von dieser habituellen Leiblichkeit, mit der wir hantieren, kommunizieren, gestalten. Insofern ist der Leib, unsere Verkörperung das Element, das gestaltet werden kann. Deshalb sind Schauen, Wahrnehmen, Sich-Ausdrücken mittels Leiberfahrungen, insbesondere das atmosphärische Wahrnehmen und das *embodiment* als wichtige Kompetenz des Philosophierenden zu gewichten.

Ausdrücken mittels Leiberfahrungen

Atmosphären als „Sphären gespürter leiblicher Anwesenheit“[21] sind komplexe phänomenale Gestalten, die auch nur leiblich wahrgenommen, d.h. gespürt werden können. Atmosphären, die in Beziehung stehen zu sozialen Situationen und der räumlichen Umwelt, werden wahrgenommen durch Gefühle, und gehen mit affektiven Stimmungen einher. Dieses Wahrnehmen hängt immer von der ego-zentrierten Position des Wahrnehmenden ab und ist kontextgebunden, ist aber dennoch in einer gewissen Distanz wahrnehmbar. Atmosphärische Felder sind immer nur von anwesenden Personen verstehbar. Ihre „Quasi-Objektivität“ verdichtet sich im leiblichen Spüren.[22] Diese Wahrnehmungen von Atmosphären, diese Spuren des Spürens, sollen zur Sprache gebracht werden, ausgedrückt werden, um atmosphärische Wahrnehmungen artikulieren zu lernen, affektive Betroffenheit ernst zu nehmen und untersuchen zu lernen. Die Entwicklung eines solchen Sensoriums ist nicht nur wichtig, um angemessene moralische Urteilsfähigkeit auszubilden,[23] sondern diese Art der Wahrnehmung und des Ausdrucks ist auch die Voraussetzung dafür, die häufig zu wenig berücksichtigte Sphäre zwischenmenschlicher Beziehungen, auch beim Lernen, zu berücksichtigen. Auch mit Atmosphären umgehen zu lernen ist ein zentraler Aspekt einer Bildung zur Autonomie. Achtsamkeit, Zugewandtheit drückt sich nicht nur über diskursive Sprache, sondern auch über leiblich gestaltete Ausdrucksformen aus. Eine offene Gesprächshaltung und das Schaffen von Atmosphäre sind wichtige Lernvoraussetzungen. Deshalb muss das Spüren, das Verstehen und das Gestalten von Atmosphären gefördert werden. Schüler und Schülerinnen müssen geschult werden in dem eigenen „Spürensfeld“[24] und darin gefördert werden, philosophisch über die Bedeutung von Atmosphären und ihre Relevanz für die eigene Existenz nachzudenken.

atmosphärische Kompetenz

Achtsamkeit

Der Einzelne verkörpert sich durch den Leib. Er kann gar nicht anders, als sich selbst, Sinn oder Wahrnehmungen auch körperlich auszudrücken. Damit Unterricht nicht einseitig die Kognition überbewertet, muss das Verhältnis von Körperleib und Selbst besser verstanden und die Verkörperung des Selbst entwickelt werden.[25] Ein Ansatz dazu, der recht einfach umzusetzen ist, ist die Auseinandersetzung mit Gesten in der Schule. Durch Gesten-Wissen werden wir befähigt, selbst Gesten zu vollziehen, mit ihrer Hilfe zu kommunizieren und zu interagieren. Das praktische Wissen um Gesten und ihre leiblichen Ausdrucksformen ermöglicht uns eine differenziertere Form der Kommunikation.[26] Gesten wollen durchschaut und gelernt sein und sollten deshalb in der Schule eingeübt und reflektiert werden. Sie eignen sich auch gut dafür die Symbolik in anderen Kulturen in den Blick zu nehmen wie zum Beispiel die Handgesten in der indischen Kultur.[27]

Gesten-Wissen

embodiment

Embodiment
Ein weiterer Ansatz leiblichen Philosophierens ist das *embodiment*, der theatrale Ansatz. Mit Körperbildern werden Texte interpretiert. Der interpretierende Performer verkörpert seine Deutungsarbeit, übersetzt sie in Mimik, Gestik, Szenen mittels embodied activities[28]. Komplexere philosophierende Projekte sind theatreale Inszenierungen.[29] Vertreter dieser Art des Philosophierens sind der Auffassung, dass das Denken selbst, das immer im verkörperten Leib stattfindet, konstituierenden Vorausbedingungen unterstellt ist. Das Archiv eingefleischter, eingeschriebener, einverleibter Gewohnheiten, Deutungsmuster, Gebärden und Urteile kommt beim Denken immer ins Spiel. Diese kann die Philosophie im theatRealen Philosophieren offenlegen, bewusst und zur Basis der Reflexion machen.[30]

2. Die Orientierung der philosophischen Bildung an der Angewandten Philosophie

Die Debatte über die Wissenschafts- und Problemorientierung des Philosophieunterrichts wird schon seit der Einführung des Faches Philosophie in der Oberstufe intensiv geführt. Seit einigen Jahren geht es auch um den Begriff der Lebenswelt und die Verbindung mit den anderen Prinzipien des Philosophieunterrichts. Mit dem Vorschlag der anwendungsorientierten, diskursethischen Fundierung von Philosophieunterricht wurde schon früh auf die Verbindung konkreter situativer Kontexte mit den Werkzeugen der Philosophie für die philosophische Reflexion gesellschaftlicher Debatten und die Weiterentwicklung der Fachdidaktik hingewiesen. Sowohl die anwendungsorientierte Ethik als Basis von Technikreflexion in der Schule als auch die produk-

Lebenswelt

Lebensweltbezug

tionsorientierte Philosophiedidaktik fundieren die systematische Verbindung von Problem-, Wissenschafts- und Lebensweltorientierung.[31] Steenblock hat den von Edmund Husserl kommenden Begriff der Lebenswelt für sein Konzept von Bildung ausbuchstabiert.[32]

Philosophische Bildung muss zwischen der Lebenswelt der Philosophierenden, der fachwissenschaftlichen Perspektive und anderen Wissenschaften vermitteln, wenn sie selbstbestimmte und reflexive Orientierung ermöglichen will. Schüler und Schülerinnen wachsen in einer wissenschaftlich geprägten Lebenswelt auf. Es gibt eine starke Orientierung an der Wissenschaft und an Wissen von Experten. Die Philosophie wird immer wichtiger für verschiedene Einzelwissenschaften und bringt dort ihre spezifischen Problemlösungsansätze ein.[33] **Bettina Bussmann** argumentiert deshalb für die Stärkung und Ausbuchstabierung eines philosophiedidaktischen Dreiecks aus **Lebenswelt-, Philosophie- und Wissenschaftsorientierung** sowie die Förderung epistemischer Kompetenz. Als Partner dieses lebensweltlich-wissenschaftlich basierten Ansatzes sieht sie die Angewandte Philosophie.[34]

Angewandte Philosophie

Die Angewandte Philosophie bietet tatsächlich eine sehr gute Basis zur Berücksichtigung der drei Perspektiven. Ziel der Angewandten Philosophie ist die Reflexion außerakademischer, lebensweltlich relevanter Fragen und Problemfelder mit Hilfe philosophischer Orientierungsangebote.[35] In der Schule stellen sich lebensweltlich relevante Fragen für unterschiedlichste Problemdiskurse, vor allem aber auch für verschiedene Lebensphasen Heranwachsender und für heterogene Lerngruppen.

Die Vernetzung von Angewandter Philosophie und Fachdidaktik kann die Prinzipien der philosophischen Bildung systematisch miteinander verbinden. Die Unterrichtspraxis wird problemorientiert, d.h. auf den Lebensweltbezug der wissenschaftlichen Reflexion bezogen organisiert. Problemorientierung bedeutet, dass die Deutungsangebote und Problemlösungsvorschläge der Philosophie mit den Alltagserfahrungen, der Lebenswelt und existentiellen Grunderfahrungen der Lernenden verbunden werden und an ihren Orientierungsbedürfnissen ansetzen. Es geht um die Vermittlung von kritischem Orientierungswissen, das im Interesse philosophischer Reflexionskompetenz im Zentrum steht. Zu diesem Wissen gehören Weltbilder, Zielvorstellungen, Kenntnisse

Problemorientierung

kritisches Orientierungswissen

über übergreifende Zusammenhänge, Grundorientierungen, politische, soziale oder kulturelle wie philosophische Deutungsangebote (Ideen-Perspektive). Das Potential und die Werkzeuge der Philosophie, z.B. die Klärung von Begriffen, die Analyse von Argumenten, die Arbeit mit Modellen oder die Aktualisierung philosophiegeschichtlicher Positionen können fruchtbar gemacht werden für die Bildungsprozesse. Mittels eines kohärentistischen Vorgehens kann im Sinne der jeweils angestrebten Bildungsintention die Erschließung von Bildungsgütern für die Unterrichtspraxis die Auswahl und Modifikation der Unterrichtsgegenstände bestimmen. Maßgebend für die Transformation ist ihr Potenzial zur Förderung grundlegender philosophischer Kompetenzen. Mit dem kohärentistischen Verfahren lassen sich Methoden, exemplarische Inhalte, Fragestellungen, Medien für den Unterricht für verschiedene Lerngruppen gewinnen und begründen. Kohärenz-Modelle

3. Inklusive Bildung im Philosophieunterricht

Im Jahr 2009 hat sich die Bundesrepublik Deutschland mit der Ratifizierung der Behindertenrechtskonvention der Vereinten Nationen zur Umsetzung der dort formulierten Forderungen verpflichtet. Inklusion ist nach den entsprechenden Regelungen der Länder rechts- und gerechtigkeitsrelevant für die Organisation schulischen Unterrichts. Seitdem wird der Begriff der „Inklusion" gesellschaftlich, wissenschafts- und bildungspolitisch diskutiert. Es wird nicht nur über die terminologische Neuakzentuierung in Bezug auf die vorangegangene „Integration" gestritten, sondern auch darüber, welche Konsequenzen sich aus der Konvention für die Gesellschaft und die Bildungsinstitutionen ergeben. Inklusion

Inklusion
Die Inklusion in einem weiten Verständnis, wie es sich auch aus der Behindertenrechtskonvention ableiten lässt, sieht keine Sonderrechte für behinderte Menschen vor, sondern konkretisiert die allgemeinen Menschenrechte und erweitert sie um wesentliche Schutzaspekte für eine gesellschaftliche Teilhabe *aller Menschen* an nahezu allen Lebensbereichen.

Die UN-Behindertenrechtskonvention orientiert sich, ohne die Termini „Behinderung" und „behindert" explizit zu definieren, an den gesellschaftlichen Faktoren, mit denen Betroffene konfrontiert sind. In der Debatte über den Begriff der Behinderung und die Differenz zwischen Behinderung und Normalität versuchen besonders Ansätze, die von Differenz ausgehen, ganz im Geiste der Konvention nicht Lebensweisen behinderter Menschen entweder durch individuelle Kompensationsleistungen oder durch die Forderung nach Gleichheit in der gesellschaftlichen Umstrukturierung einfach anzugleichen, sondern sie gehen von einer generellen Vielfalt der Menschen aus; Behinderung wird lediglich als eine von vielen Formen der Differenz gesehen. Differenzansätze weisen somit große Nähe zur Inklusionsforderung auf; die Anerkennung von Verschiedenheit gilt prinzipiell, als Prämisse und vor allem auch als anzustrebendes Ideal. Bei der Inklusion handelt es sich um ein sehr komplexes Vorhaben. Die Ziele liegen in der Beseitigung von Ausgrenzungsmechanismen und der allgemeinen Verbesserung von Lebensqualitäten für Menschen, die am Rande der Gesellschaft leben. Anerkennung, Teilhabe und freie Entfaltung sind die beiden wesentliche Punkte, die im Kontext der Inklusion zentral sind. Das Individuum, jedes Individuum steht im Zentrum.

Anerkennung von Verschiedenheit

3.1 Gründe für inklusive Bildung, Bedenken, Baustellen

Für die Bildungslandschaft in Deutschland bedeutet dieses eine notwendige und weitreichende Umstrukturierung, denn es gilt nicht mehr, dass der Einzelne sich nach den Bedingungen der Institution Schule richten muss, sondern die Schule muss sich an den Bedürfnissen jedes Einzelnen orientieren.

Der Kölner Bildungsforscher **Kersten Reich** begründet in einem für die Debatte um inklusive Bildung wichtigen Band sein entschiedenes **Plädoyer für ein Leitbild inklusiver Bildung**, die nicht nur auf die gesetzliche Teilhabeberechtigung von Schülern und Schülerinnen mit Behinderung in Bildungsgängen in Regelschulen zielt, sondern entschieden Aspekte der ethnokulturellen Gleichberechtigung, Fragen der Geschlechtergerechtigkeit und der sozio-ökonomischen Chancengleichheit als Auftrag an das Bildungssystem und die Politik formuliert. Seiner Auffassung nach ist allein auf der Grundlage eines inklusiven Erziehungs- und Bildungssystems Diversität in einer demokratischen Entwicklung möglich.[36] Zwar sieht Reich das Problem, dass dieses Leitbild der Gerechtigkeit, Fairness und Solidarität mit bisher Ausgegrenzten nicht einfach von oben verordnet werden kann. Gleichwohl erfordert Akzeptanz als Ziel einen kontinuierlichen Prozess, der mit der strukturellen Erhöhung der Chancen beginnt und auf allen Ebenen stattfinden muss.

In den Medien und der Alltagswelt finden sich dagegen viele kritische Kommentare, die um das Wohl derer besorgt sind, die von inklusiven Bemühungen profitieren sollen. Vor allem Eltern, Lehrer und Lehrerinnen sehen sich mit Befürchtungen konfrontiert, die Bedenken gegenüber inklusiven Bemühungen bekräftigen und einem konstruktiven Fortschritt im Wege stehen. Es sind Sorgen wie die, ob sich förderbedürftige Kinder nicht in einer Förderschule besser entwickeln und auch umsorgt werden können, ob sie in der Regelschule nicht vielmehr unter dem Druck, dem Vergleichsdruck etc. leiden, ob sie nicht das Lernen der anderen behindern, hochbegabte Kinder genügend Unterstützung erhalten und das Leistungsniveau sinkt. Kritisch gefragt wird auch, ob die Lehrer und Lehrerinnen fachlich und psychisch stark genug sind und genug über Förderpädagogik wissen, ob die Lehrenden der Förderschulen und die Sonderpädagogen fachlich anerkannt oder eher isoliert werden. Infrage gestellt wird, ob es Teamarbeit, kollegiale Verständigung geben wird und ob die Ressourcen, die inklusiver Unterricht im weiten Verständnis braucht, zur Verfügung gestellt werden.

Bedenken

Eine schrittweise Realisierung unter angemessener Mitwirkung aller Beteiligten wird aber trotz der Bedenken für möglich gehalten. Dazu muss die Schule allerdings die bestehenden Strukturen zur Homogenisierung des Lernens und die Orientierung an Defiziten der Lernenden aufgeben. Die wichtigste Grundlage für eine positiv fortschreitende, inklusive Entwicklung besteht darin, allen Beteiligten individuelle Handlungsalternativen zu ermöglichen. Die Unterstützung der individuellen Entwicklung muss im Mittelpunkt des Bestrebens stehen. Eine gemeinsame Sprache, die Weiterentwicklung interner pädagogischer Arbeit beispielsweise durch die flexible Anpassung von Unterrichtsmethoden an die Konstellation der jeweiligen Lerngruppe, der Umbau der schulorganisatorischen Ebene, die die Gefahren einer institutionalisierten Diskriminierung ausschließt, sind notwendige Maßnahmen.

individuelle Förderung

Ein zentraler Faktor, der im Kontext der Inklusion richtungsweisenden Charakter besitzt, ist die Leistungsorientierung. Inklusion und Leistung schließen sich keineswegs aus. Allerdings wird sich die Schule mit traditionellen Konzepten der Leistungsbewertung und -messung kritisch befassen und neue Formen entwickeln müssen. Es reicht zudem auch nicht aus, wenn die Schule als Institution innere Veränderungen vollzieht und damit die Hoffnung verbindet, eine inklusive Bildung könne allein auf diesem Weg den Grundstein für eine inklusive Zukunft sichern. Die Bildung muss von einem gesamtgesellschaftlichen Umdenkungsprozess begleitet werden. Bildung darf nicht länger nur als Wettbewerb verstanden werden. Der Umgang mit Fähigkeiten und Leistungen bedarf sowohl eines aufrichtigen als auch eines aufgeklärten Bewusstseins. Inklusive Pädagogik und Fachdidaktik, die ein besonderes Bewusstsein und besondere Kompetenz für die Auseinandersetzung mit Begrenzung entwickelt hat, muss vor allem nicht-vergleichende, auf das einzelne Individuum bezogene Leistungsinterpretationen in den Vordergrund stellen. Es geht bei dem Versuch, Menschen auf das jeweils eigene und gesellschaftliche Leben vorzubereiten, darum, ihnen mit ihrem persönlichen Erfolg Perspektiven für ein möglichst selbstbestimmtes Leben zu geben. Das heißt nicht, sich den Wünschen und Bedürfnissen der Lernenden kritiklos zu unterwerfen. Es meint in erster Linie das eigentliche Ziel von Bildung, nämlich die Förderung von Mündigkeit zu ermöglichen.

individuelle Leistungsinterpretationen

3.2 Inklusive Bildung, Heterogenitätsorientierung und Philosophieunterricht

Das Leitbild inklusiver Bildung lässt sich sehr gut mit dem Selbstverständnis und den Bildungszielen der Fächer Philosophie, Praktische Philosophie und insgesamt mit philosophieaffinen Fächern in der Sekundarstufe I verbinden. Die Heterogenität von Lerngruppen, die Vielfalt kultureller Perspektiven bestimmt vor allem in den Fächern der Sekundarstufe I längst die Unterrichtswirklichkeit. Die unterschiedlichen Lernbedürfnisse, kulturellen Orientierungen, religiösen Welthaltungen etc. sollen keineswegs geleugnet werden; es sind Räume zu schaffen, in denen vielfältige Differenzen bestehen und zur Quelle reicher und vielfältiger Interaktionen werden können. Dazu ist es wichtig zu unterscheiden, dass die Zusammenführung von Lernenden in einer Gruppe allein noch keine *Lerngruppe* ausmacht; diese kann erst langsam im Prozess des gemeinsamen

Philosophierens wachsen. Daher ist, vor allem vor dem Hintergrund realer Unterrichtsbeispiele, eine entsprechende Ausstattung der schulischen Lernorte mit für die inklusive Bildung notwendigen Ressourcen unabdingbar. Denn die sehr verschiedenen Heterogenitätsdimensionen, die vielfältigen Voraussetzungen der einzelnen am Lernprozess beteiligten Kinder und Jugendlichen mit ihren Stärken und Schwächen, machen die Organisation eines Lernprozesses notwendig, in dem dauerhaft eine neue Qualität im Umgang zwischen Menschen unterschiedlichen Geschlechts, unterschiedlicher Befähigung, Kultur, Hautfarbe, religiöser Orientierung, sozialer Herkunft etc. erreichbar wird. Konzepte einer offenen Schule, selbstorganisierten Lernens und Projektmethoden werden notwendig. Die Orientierung an Gleichheit und Gerechtigkeit, die Reflexion von individuellen Bedürfnissen und erforderlichen Unterstützungen sind notwendig.[37]

Ausstattung mit ausreichenden Ressourcen

Philosophiedidaktische Forderungen, die sich aus diesem weiten Verständnis von Inklusion ergeben, sind: der Fundus der Fächer Philosophie, Praktische Philosophie, Ethik etc. an bereitliegenden und auch praktisch erprobten Konzepten ist zu nutzen; die Fächer sind aufgrund ihrer inklusionsfördernden Wirkmächtigkeit innerhalb der Bildungslandschaft in ganz Deutschland zu verteidigen. Inklusion fordert ein neues Verständnis von Bildung und Schule und fordert auch neue Akzente in der Lehrerausbildung.[38] Entscheidend ist für den Philosophieunterricht die Entwicklung von Unterrichtsmaterialen, die für die Innere Differenzierung geeignet sind.

Diversität der Unterrichtsmaterialien

In der Philosophiedidaktik wird die Frage diskutiert, ob aufgrund der Tatsache, dass die Lerngruppen, gerade in den philosophieaffinen Fächern, sehr heterogen sind, durch die Anforderungen inklusiver Bildung noch heterogener werden und zunehmend auch interkulturelle Lerngruppen werden, eine „interkulturelle Philosophiedidaktik" wichtig ist und begründet werden muss oder ob im Rahmen der aktuellen Ansätzen der Fachdidaktik eine inter- oder transkulturelle Perspektive konzeptionell immer schon realisiert ist. Aus philosophischer, philosophisch-anthropologischer Sicht sind Zuschreibungen von Identität oder Person-Sein auf Basis kultureller Zugehörigkeit per se problematisch. Vielfalt, Diversität, unterschiedlichste Perspektiven aus unterschiedlichen Kulturen sind schon immer Dimensionen, die in der Philosophiedidaktik und im Philosophieunterricht ernst genommen werden. Zwar müssen in heterogenen, interkulturellen Lerngruppen selbstverständlich Sensibilität, Fingerspitzengefühl und taktvoller Umgang umgesetzt werden. Aber das Bildungsziel der Nachdenklichkeit, der Argumentationsfähigkeit sowie der Umgang mit Deutungsangeboten verschiedenster Richtungen aus der Ideengeschichte gelten für jeden Philosophieunterricht. Philosophiedidaktik ist grundsätzlich aufmerksam für die Ansprüche einer inter- oder transkulturellen Perspektive und Hermeneutik; diese müssen allerdings gestärkt und weiter implementiert werden.[39]

transkulturelle Hermeneutik

4. Warum Bildungsforschung, Kompetenzmessung, empirische Forschung im Fach Philosophie?

Modelle der Kompetenzförderung

Die Anforderungen, die durch Innovationen im Bildungssystem entstehen, stellen Herausforderungen für die Philosophiedidaktik dar. Bildungsstandards sollen entwickelt, Modelle der Kompetenzförderung und ihrer Überprüfung konzipiert werden, um die Vergleichbarkeit von Bildungsabschlüssen und die Durchlässigkeit innerhalb des Bildungssystems zu erleichtern.[40] Bildungsstandards sind output- und leistungsorientiert und zeigen erwünschte Lernergebnisse, die zu einem bestimmten Zeitpunkt erworben werden müssen und erwartet werden dürfen. Sie sind zumeist recht allgemein formuliert und machen eine Spezifizierung durch Lehrpläne, Kompetenzmodelle und Operatoren zu ihrer Erfassung notwendig. Einzelne Aspekte von Kompetenzen, Abstufungen, Entwicklungsverläufen und Niveaustufen werden miteinander verknüpft, um Fortschritt in der Lernbiografie zu erfassen. Gegenwärtig werden kompetenzorientierte Ansätze, die Bildungsstandards konkretisieren, für differenziert und zielführend gehalten.[41] In der Lehrerausbildung werden eine forschende Fragehaltung sowie eine Methodenausbildung in der empirischer Forschung implementiert.[42]

4.1 Was bedeutet Kompetenzorientierung für philosophische Bildung?

Die Vielfalt der Kompetenzbegriffe und -modelle ist groß; man kann von einem inflationären Gebrauch sprechen. Der gemeinsame Kern besteht darin, Kompetenz als ein System von Fähigkeiten, Können und Fertigkeiten zu verstehen, die notwendig sind, um ein spezielles Ziel, wie das Lösen von Problemen, zu erreichen.

Kompetenzen
Aus psychologischer und pädagogischer Sicht werden Kompetenzen als Dispositionen des einzelnen Menschen definiert, Tätigkeiten und Handlungen erfolgreich und eigenständig ausführen zu können. Kompetenzen verknüpfen die Kenntnisse, Fähigkeiten, Fertigkeiten, Gewohnheiten und Einstellungen, sie implizieren „motivationale, volitionale und soziale Bereitschaften und Fähigkeiten".[43]

Kompetenzmodelle setzen sich ganz grundsätzlich aus Teildimensionen einer Domäne sowie unterschiedlichen Kompetenzniveaus zusammen. Jedes Kompetenzniveau definiert sich durch Prozesse und Handlungen von spezifischer Qualität, die jeweils von den Lernenden zu bewältigen sind. Verbreitet ist, auch in vielen Rahmenplänen der Fächer Philosophie und Ethik, die Kompetenzen nach Sach-, Methoden-, Sozial- und Selbstkompetenz zu dimensionieren. Ihr Erreichen wird durch spezifische Operationen, also festgelegte Tätigkeiten, angezeigt.[44]

Kritik an Kompetenz-Modellen

Die Ausrichtung auf die Tätigkeit, durch die das Erreichen der Kompetenz angezeigt wird, wird allerdings von anderer Seite zu Recht scharf kritisiert: Demnach sind Kompetenzen eben nicht Tätigkeiten, sondern Dispositionen, Bereitschaften zu Tätigkeiten. Verben wie können, glauben, kompetent sein etc. verweisen nicht auf episodische Ereignisse im Gehirn, im Geist, auf konkrete Tätigkeiten, die zeitlich strukturiert sind, verweisen. Sie sind auch keine Verweise auf Handlungen, die der Lernende willentlich steuern, gezielt beginnen und ausführen oder beenden könnte. Das, worauf diese Verben verweisen, kann man nicht direkt beobachten und mit Leistungen identifizieren. Zudem sind Kompetenzmodelle abstrakt; es ist oft schwierig, sie für den Einsatz im Unterricht anwendbar zu machen. Eine weitere einschlägige Kritik an der Kompetenzorientierung ist, dass das fachliche Wissen unter die Räder gekommen sei oder den Kompetenzmodellen ein verkürzter Begriff von Sachwissen zugrunde liege.[45]

Die Idee der Kompetenzorientierung war in den Anfängen durchaus schülerorientiert und innovativ. Sie intendierte, traditionelle Lernzielformulierungen, die vor allem an inputorientierte Wissensvermittlung und kognitive Lernziele geknüpft waren, abzulösen und Lernsettings im Sinne der Lernenden zu verbessern. Die Kompetenzorientierung, der Boom von Kompetenzkatalogen und Kompetenzrastern, gerät im Zuge von PISA, IGLU etc. immer mehr zur an ökonomischer Rationalität orientierten Leistungsüberprüfung, die der Selektion und vermeintlichen Vergleichbarkeit von Leistungen dient. Die Ziele eines Unterrichts, der diese Weise der Kompetenzförderung und Überprüfung unterstützt, sind nicht das, was mit den Konzepten philosophischer Bildung gewollt wird. Die Komplexität von Bildungsprozessen ist nicht messbar, und die jeweils besonderen individuellen Lernbiografien der Schüler und Schülerinnen werden übersehen. Angemessener ist es, Komponenten oder Aspekte von Kompetenzen zu messen. Das findet im Rahmen der Leistungsbeurteilung auch statt. Haltungen, auch Dispositionen, entziehen sich aber weitgehend dem empirischen Zugriff.

Komplexität von Bildungsprozessen

4.2 Philosophiedidaktik und empirische Unterrichtsforschung

Das Vorangegangene bedeutet nicht, dass empirische Forschung grundsätzlich zu verwerfen ist. Ihre Herausforderungen sind produktive Herausforderungen. Philosophiedidaktik darf sich nicht als Ausführungsorgan des bildungssystemischen Vorgehens begreifen. Die Forschung dazu, wie Fähigkeiten der Schüler und Schülerinnen angemessen gefördert werden können, ist aber wichtig, um entsprechende Lernsettings etc. umsetzen zu können, die dem Ziel der Reflexions- und Urteilsfähigkeit förderlich sind.[46] Es geht darum, Bildungsprozesse in angemessene und konkrete Schritte zu übersetzen, die von der Zielperspektive her formuliert und überprüft werden können. Die Güte der Vermittlung philosophischer Bildungskonzepte kann empirisch in den Blick genommen werden; es ist wichtig zu evaluieren, ob angestrebte Bildungsintentionen auch tatsächlich verwirklicht und Bildungsziele erreicht werden. Einige Bildungsgehalte sind mit empirischen Mitteln feststellbar wie die Komplexität von Argumenten, Argumentstrukturen oder moralischen Urteilen des Bild- und Textverstehens.

Evaluation

Es ist sinnvoll, von empirischer Unterrichtsforschung statt von Bildungsforschung zu sprechen.[47] Instrumente sollten Instrumente qualitativer Forschung sein, da sie die Komplexität der Narrativität und dynamischen Identität der Lernenden und ih-

empirische Unterrichtsforschung

ren Umgang mit der Welt besser berücksichtigen können.[48] Die Qualität fachlicher Lern- und Erfahrungsprozesse muss aus dem Fach heraus, hermeneutisch sinnvoll und plural ausbuchstabiert werden.

qualitative Methoden der Forschung

Die Versuche der Fachdidaktik, Philosophie mit empirischer Unterrichtsforschung zu verbinden, wurden lange abgelehnt, äußerst kritisch beurteilt oder sehr zaghaft in ersten Konzepten erprobt.[49] Ansätze, Untersuchungen und Projekte, empirische Forschungsdesigns, Projekte zur Definition und Messung von Kompetenzen und Kataloge für Standards werden inzwischen erprobt, ausgewertet und diskutiert.[50]

Die Philosophiedidaktik kann Indikatoren entwickeln und in Items übersetzen, die operationalisierbar und überprüfbar sind. Eine interdisziplinäre Vernetzung und die Kooperation mit den Lehrkräften an Schulen ist dabei wichtig.[51]

Instruktive Ansätze gibt es von **Dirk Sikorski**. Er unterscheidet zunächst einmal grundsätzlich zwischen **philosophischer Bildung und philosophischen Lernprozessen**. Während die Bildung nicht mess- und überprüfbar ist, lassen sich aber auf einer Ebene konkreter Lernprozesse Fertigkeiten, Fähigkeiten im Spektrum der philosophischen Grundkompetenzen ausbuchstabieren und evaluieren. Die Aneignung philosophischer Bildung wiederum kann empirisch nachvollziehbar dargestellt werden, indem verschiedene situativ bedingte Momente konkreter philosophischer Unterrichtsprozesse in Hinblick auf Zielsetzungen philosophischer Bildungsprozesse zusammenhängend „dicht" beschrieben werden. Entscheidend ist dabei die je individuelle Bewusstmachung und Reflexion der eigenen Haltung gegenüber einem normgebenden Bildungsbegriff, um kohärent Ansatzpunkte für die Beschreibung zu identifizieren.

Eine solche Form der Einbindung empirischer Forschung kann dann auch für die Ausbildung in Lehramtsstudiengängen sinnvoll nutzbar werden.[52]

Vor dem Hintergrund dieser Herausforderungen zeitgemäßer Bildung werden im Folgenden die Schatztruhe und die Werkstatt des Philosophierens geöffnet und praxisorientierte Formen des Philosophierens vorgestellt.

Weiterführende Literatur:

M. Bartsch: Philosophiedidaktik und inklusive Bildung. In: ZDPE Heft 2/2014.
A. Böhler und S. Granzer (Hg.): Ereignis Denken. Wien 2009.
W. Edelstein und G. Nunner-Winkler (Hg.): Zur Bestimmung der Moral. Philosophische und sozialwissenschaftliche Beiträge zur Moralforschung. F/M 1986.
K. Reich: Inklusion und Bildungsgerechtigkeit. Weinheim 2012.

V. Die Schatzkiste – Das Deuten von Texten

Die Inhalte und Methoden des Philosophierens und des Philosophieunterrichts stehen in einem engen Zusammenhang mit den didaktischen Paradigmen, den Zielen, denen sie dienen, den Fragestellungen, die sie bearbeiten und den Medien, mit oder in denen sie sich verwirklichen. Seit Beginn der 90er Jahre wird versucht, Hauptrichtungen des Denkens sowie Denk- und Arbeitsmethoden der akademischen Philosophie für die didaktische Diskussion fruchtbar zu machen. Es wird eine Vielfalt von Medien und Methoden für die Unterrichtspraxis vorgeschlagen.[1]

1. Der Bildungsgehalt der Philosophiegeschichte

Ein Fundus für die Schatzkiste sind die didaktischen Potenziale philosophischer Denkrichtungen. Zu den wichtigsten philosophischen Strömungen der Gegenwartsphilosophie werden die analytische Philosophie, der Konstruktivismus, die Phänomenologie, die Dialektik, die Hermeneutik und die Dekonstruktion gerechnet. Dies sind sicher nicht alle philosophischen Denkrichtungen, die Potential für die Didaktik beinhalten, aber Rohbeck rekonstruiert diese und arbeitet mit anderen Didaktikern daran, sie didaktisch auszuschöpfen. Das bedeutet, aus diesen philosophischen Denkrichtungen werden Fragestellungen gewonnen und sie werden in philosophische Tätigkeiten, Praktiken übertragen und umgeformt, die von Schülern und Schülerinnen erlernt, selbstständig angewendet und weiterentwickelt werden können. Es geht dabei um die Entwicklung grundlegender philosophischer Herangehensweisen, die in Arbeits- und Unterrichtsmethoden übersetzt werden. Die philosophische Tradition dient damit nicht mehr nur als Bezugsdisziplin zur Gewinnung philosophischer Inhalte, Fragen und Probleme für den Unterricht, sondern eben auch zur Entwicklung von Methoden des Philosophierens. Diese didaktische Transformation relevanter Denkrichtungen in Methoden des Unterrichts muss verschiedenen Kriterien genügen: Es sind geeignete Verfahren zu entwickeln,

didaktische Potenziale von Denkrichtungen

philosophische Tradition

die Lernende selbstständig anwenden können; diese Verfahren müssen sich in verständliche Aufgaben für bestimmte Tätigkeiten umformulieren lassen; sie müssen anknüpfen an die Lebens- und Lernerfahrungen der Lernenden; sie müssen wechselseitig nebeneinander und gleichwertig praktiziert werden können und in verschiedenen Weisen des Aufnehmens und der Mitteilung von Gedanken anwendbar sein; maßgebend ist das Potential zur Förderung grundlegender philosophischer Kompetenzen.

Wesentliche Weisen des Aufnehmens und Mitteilens von Gedanken beim Philosophieren sind für **Johannes Rohbeck** das Lesen, Schreiben und Sprechen. Er zeigt entsprechend in seinem Projekt der Transformation philosophischer Denkrichtungen auf, welche Arbeits- und Unterrichtsmethoden, bezogen auf die Tätigkeiten des **Lesens, Schreibens und Sprechens** sich aus diesen Denkrichtungen ergeben und eröffnet damit einen Horizont von Möglichkeiten. Diese vorgeschlagenen Methoden sind nicht absolut trennscharf voneinander abzugrenzen, die generierten Methoden sind auch nicht als idealtypische für die jeweilige Denkrichtung zu verstehen.

Tableau der Methoden

Das von Rohbeck und anderen entwickelte Tableau geht von einem ekklektizistischen und pragmatischen Verständnis aus: Alle Methoden werden entwickelt, die jeweils für die Kompetenzentwicklung der Lernsubjekte förderlich sind. Das Tableau erfüllt eine heuristische Funktion: Es ist als didaktische Landkarte zu interpretieren, die immer weiter ausgemalt werden kann.[2]

Die Bedeutung der Philosophiegeschichte für den Unterricht wird dabei deutlich hervorgehoben: Mittels verschiedener Methoden sollen der Entstehungskontext philosophischer Theorien, Probleme und Positionen stärker berücksichtigt werden. Die Rezeption der Philosophie im Kontext müsse beide Seiten, das Verstehen der Positionen und die Tätigkeit der Lesenden angemessen miteinander verbinden.[3] Zentral dafür ist die Orientierung an der Dialektik als Methode der Kritik. Das Vorgehen müsse sich an konkurrierenden Deutungsangeboten vollziehen, Deutungsangebote müssen dialektisch betrachtet und kritisch analysiert werden.[4]

Dialektik

Die angemessene **Verbindung des lebensweltlichen Interesses mit der Vermittlung der Philosophiegeschichte** hebt auch **Volker Steenblock** hervor. Philosophieren sei immer historisch situiert; deshalb erfordere die Arbeit am eigenen Denken auch die Arbeit mit Dialogstationen. Sie müsse den Prozess des Entstehens der Denksysteme und deren Kontexte berücksichtigen und kann nicht einfach als Steinbruch genutzt werden. Das Historische ist laut Steenblock aber auch nicht Selbstzweck, sondern dient der Informiertheit der Gegenwart und ihrer Selbstvergewisserung. Denken geschehe im Modus der eigenen Geschichte, der eigenen Fragen, Antwortversuche und Kritikpotentiale.[5]

Aufgabe der Philosophiegeschichte

Die Bildungsaufgabe der Philosophiegeschichte ist es, die Alltagswelt und die Ideentheorien angemessen zu vermitteln. Sie muss als hermeneutisches Projekt den produktiven Zirkel des Verstehens in Gang halten und die Arbeit am jeweils eigenen Denken fruchtbar machen.[6] Hermeneutische Zugänge und Textarbeit sind zentral, da Hermeneutik nach Steenblock den Modus überhaupt bezeichnet, in dem wir uns zu den kulturellen Sinn- und Sachverhalten in ein Verhältnis setzen, sie uns zu Eigen machen und sie durch eigene Beiträge fortführen.[7]

Hermeneutik

Aus der Sicht von **Ekkehard Martens** können **alle Menschen** im offenen und kontinuierlichen Diskurs über letzte Fragen **philosophieren**. Generell entwickele sich Philosophie aus der Alltagspraxis des Denkens und integriere mehrere unterschiedliche Methoden in komplexen Denkprozessen.

Diese bezeichnet Martens in Anlehnung an Sokrates und Aristoteles genauer: Die *phänomenologische Methode* beinhaltet differenziert und umfassend zu beschreiben, was ich selber wahrnehme und beobachte. Bei der *hermeneutischen Methode* sollen das eigene Vorverständnis bewusst gemacht und andere Deutungsmuster z.B. aus philosophischen Texten gesammelt werden. Mit der dritten *analytischen Methode* werden verwendete zentrale Begriffe und Argumente herausgestellt und geprüft. Die *dialektische Methode* beinhaltet, dass ein mündliches oder schriftliches Dialogangebot wahrgenommen wird, bei dem eine Situation auf ein Dilemma zugespitzt und das Für und Wider diskutiert wird. Die fünfte, die intuitiv-kreative *spekulative Metho-*

de lässt Phantasien und Einfälle zu und erprobt spielerisch neue Ideen. Nach Martens gibt es zwischen diesen fünf generellen Denk-Methoden eine Vernetzung in einem offenen Prozess, da sie sich gegenseitig stützen und ergänzen.[8]

spiralförmige Vernetzung

2. Zum Umgang mit dem Kanon

Das Bedürfnis nach Kanones, eine Orientierung darüber, was man lesen und was man in der Schule vermitteln soll, ist auch im Lehramtsstudium der Philosophie aktuell. In der Philosophie ist das Aufstellen von Kanones auch nicht neu. Es gibt Leselisten, Textzusammenstellungen in Vorbereitung von Abiturvorschlägen, systematisch orientierte Textsammlungen, viele verschiedene Textsammlungen paradigmatischer Autoren und Autorinnen[9] oder Listen wichtiger Studieninhalte für Studierende des Lehramts.[10] Angesichts des Umfangs der Ideengeschichte herrscht in der Philosophie andererseits eine deutliche Skepsis gegenüber normativ fixierten Kanones. Kanonorientierung sowie die Kanonforschung ist umstritten, weil sie das eigene Denken und Philosophieren verhindern könnte.

Ideengeschichte

Konsens besteht aber in der Auffassung, dass es wichtig ist für den Philosophieunterricht zwei Dimensionen zu verknüpfen: Exemplarisch sind paradigmatische Konzeptionen der philosophischen Tradition im Rahmen problemorientierter Fragestellungen in den Problemreflexionsprozess einzubringen und für die Kompetenzentwicklung des eigenen Philosophierens zu nutzen.[11] Die Lesekompetenz und damit auch die Deutungskompetenz im Umgang mit philosophischen Texten soll gefördert werden. Wichtig ist mit Blick auf heterogene und multikulturelle Lerngruppen entsprechende Deutungsangebote zu berücksichtigen, die paradigmatische Konzeptionen unterschiedlicher kultureller Kontexte ermöglichen.[12] Ziel ist die hermeneutische Arbeit: Texte der Philosophiegeschichte, auch aus Traditionen der nicht-europäischen, z.B. der asiatischen oder islamischen Philosophie, eröffnen neue Horizonte, vertiefen, prüfen und machen neugierig. Auf diese Weise wird das Reflexionsniveau von Philosophierenden gefördert. Die Verknüpfung von Problemorientierung und Kanonorientierung leistet, so verstanden, dauernde Weiterentwicklungen in einer dynamischen Kanonforschung.

paradigmatische Konzeptionen

Vanessa Albus legt eine sehr umfassende bibliografische Bestandsaufnahme und Empfehlungen vor.[13] Sie argumentiert **gegen einen sogenannten Systemkanon**, in dem ganz bestimmte philosophische Texte als verbindliche und wahre Weltanschauung festgelegt wären. Solche Kanones widersprächen dem Wesen des Philosophierens und den alltagspraktischen Bedingungen der Vermittlung von Philosophie.

dynamische Kanones

Denkbar sind folglich nur dynamische Kanones, also z.B. ein Kanon der Exempla. Hier stehen paradigmatische Autoren als Beispiel oder Stellvertreter einer Epoche, Schule, geistigen Richtung, Debatte etc. im Vordergrund. Sie werden ausgewählt aus Orientierungsangeboten aus der gesamten Breite der philosophischen Tradition und können sowohl der Wissenschaftspropädeutik als auch dem Weltbildpluralismus Rechnung tragen. Die Kanonvorschläge sind nicht als verbindliche Stoffkataloge, an die Lehrende sich sklavisch halten sollten, sondern selbst als Beiträge zur Diskussion zu verstehen. Auf diese Weise können auch neue Felder der Philosophie, wie z.B. in der Angewandten Ethik, der Angewandten Theoretischen Philosophie, der Interkulturellen Philosophie oder der Sportphilosophie[14] aufgenommen werden.

Hybridkanon

Der Kanon der Exempla kann mit Kompetenz- und Hybridkanones verbunden werden. Der Hybridkanon umfasst als Ausgleich zur Textlastigkeit des Exemplakanons multimediale Deutungsangebote wie Bilder, Comics, Filme, Spiele, Videos, narrative Texte usw. Mit diesen lassen sich philosophische Fragen sowohl aufwerfen und verarbeiten als auch problematisieren. Begründet werden muss die Wahl der Medien aus der Perspektive der Kompetenzförderung.

Fachzeitschriften

Lehrerhandbücher, philosophische Reihen wie z.B. Einführungen in philosophische Disziplinen, in das Denken von Autoren und Autorinnen, in Epochen der Geschichte der Philosophie oder in Fragestellungen können die Durchforstung der Ideengeschichte und den Zugriff auf philosophische Quellen erleichtern. Auch Fachzeitschriften helfen dabei, sich über wichtige neue Entwicklungen in der Philosophie und der Fachdidaktik Philosophie zu informieren und auf dem Laufenden zu halten. Neben den wichtigen deutschen Fachdidaktik-Zeitschriften gibt es auch ausländische Zeitschriften, Periodika und Zeitschriften der Philosophie.[15] Sehr hilfreich sind solche Textsammlungen, die einen philosophischen Diskurs didaktisch angemessen reduzieren.[16]

3. Lesen und Deuten im Philosophieunterricht

Immer wieder wird auf den unterschiedlichen Aufforderungscharakter philosophischer und ästhetischer Texte verwiesen: Beim Lesen philosophischer Texte sei man auf das *im* Text über das in der Welt Gesagte bezogen, während sich die ästhetische Lesehaltung vor allem *auf* den Text und die von ihm vollzogene Form der Welterschließung beziehe. Ein strenges hinreichendes Kriterium für eine Demarkationslinie zwischen Philosophie und Literatur gibt es hingegen nicht. Verschiedene literarische Formen der Philosophie, wie Dialoge, Aphorismen, Essays finden sich unter anderem bei Platon, Montaigne, Nietzsche, Wittgenstein oder Adorno. Die Fragen, Probleme, Erfahrungen, die in solchen Textformen aufgegriffen werden, fördern gerade durch ihre Form philosophische Lernprozesse.

Literatur und Philosophie

3.1 Philosophieren mittels Literatur: Umgang mit Fabeln

Philosophie und Literatur unterhalten miteinander, das zeigt die Geschichte beider Formen, eine enge Beziehung. Philosophische Texte können literarisch sein, literarische Texte können philosophisch sein. Auch literarische Texte sind geeignet, philosophische Fragestellungen aufzuwerfen oder Zusammenhänge, Antwortversuche zu erhellen oder zu vermitteln.[17] Sie eröffnen Deutungen, Deutungsspielräume, die durch hermeneutische Verfahren erschlossen werden und mit der Begriffs- und Geistesgeschichte verknüpft werden können. Darin liegt die Chance zum kreativen Philosophieren.[18]

literarische Texte

Literatur kann für die Philosophie ausgeschöpft werden. Auszüge aus Bildungsromanen, Kurzgedichte, Liedstrophen und Refrains, Kurzprosaformen wie Märchen, Kurzgeschichten, Anekdoten, literarische Aphorismen, Sprüche, Tagebuchnotizen, autobiographische Splitter, Sprichworte oder Metaphern, wie z.B. Fabeln oder auch Auszüge aus Kinder- und Jugendbüchern können Medien des Philosophierens sein.[19]

Die Forschung über Metaphern verzeichnet einen Boom in verschiedenen Wissenschaften und schlägt auch Wurzeln in der Philosophiedidaktik.[20] Es gibt u.a. Ansätze zum Philosophieren im Anschluss an Blumenbergs Metaphern-Theorie, zur Arbeit mit Konzeptmetaphern,[21] zu Metaphern als Vernetzungsprinzip im Philosophieunterricht[22] und zur Arbeit mit Fabeln.

Arbeit mit Fabeln

Bei der Fabel liegt die Affinität zur Philosophie auf der Hand.[23] Sie stellt eine knappe, bildhafte Geschichte dar, ihr Aufbau ist klar und übersichtlich. Die Szenerie ist schnell erfassbar, der didaktische Gehalt ist gut nachzuvollziehen.

Aufbau der Fabel
Uwe Viole rekonstruiert Merkmale des Mediums Fabel, vor allem das vierteilige Aufbauschema: Ausgangspunkt ist die kurze Darstellung einer Situation; dann folgt ein Wechselspiel von Handlung oder Rede (actio) und Gegenhandlung und Gegenrede (reactio), das auch wiederholt und variiert werden kann. Am Ende steht ein Ergebnis, das der Dichter gelegentlich mit einem Merksatz begleitet und kommentiert.[24]

Für das Philosophieren besonders interessant sind der dialogische Charakter der Fabel und die Eigenschaft, dass sie ihren Sitz im Leben hat. Deshalb ist sie besonders für das Philosophieren mit jüngeren Kindern sehr geeignet. Den Einsatz für den Unterricht lässt sich begründen mit Bezug auf die Philosophie der symbolischen Formen. Die Fabel wendet sich an die ratio und will überzeugen. Als Metapher ist sie allerdings nicht eindimensional, lässt mehrere Deutungen zu. Fabeln fordern zum Deuten auf, sie wecken Neugier. Die Lehre, die verborgene Wahrheit, die Moral steht im Philosophieunterricht nicht im Mittelpunkt. Fabeln lassen verschiedene Arbeitsformen zu, vor allem auch kreative Formen wie szenische Interpretationen, Rollenarbeit, Standbilder, Denkmäler und auch produktionsorientiertes und kreatives Schreiben.[25]

kreative Arbeitsformen

3.2 Philosophieren mit literarischen Formen der Philosophie

Literarizität philosophischer Texte

Auch die Literazität der Philosophie lässt sich für den Unterricht fruchtbar machen. Verschiedene literarische Formen philosophischer Texte wie der Essay, der Aphorismus, der Dialog, der Mythos oder das Gleichnis können didaktisch transformiert werden. Auch marginale Gattungen wie der Brief, die Autobiografie oder philosophische Erzählungen können im Unterricht berücksichtigt werden. Sie sind gut geeignet, schülerorientierte Zugänge zu schwer verständlichen philosophischen Argumentationsweisen zu ermöglichen. Autobiografische Formen können Schüler und

Schülerinnen persönlich sowie emotional ansprechen und damit neue Perspektiven auf die Philosophen und ihr Denken und Schreiben ermöglichen.

Philosophische Erzählungen

Philosophische Erzählungen beinhalten narrative Argumente. Sie entwerfen beispielsweise Kritik an überkommenen Auffassungen wie die Erzählung „Candid oder die Beste der Welten" von Voltaire. In Diderots „d´ Alemberts Traum" wird das traditionelle mechanische Weltbild in Frage gestellt und der Begriff organischer Materie durchdacht. Philosophische Erzählungen erlauben in experimenteller, narrativer Form auszusprechen, was im streng diskursiven philosophischen Kontext nicht auf diese Weise ausgedrückt werden kann.[26]

3.2.1 Philosophieren mit philosophischen Essays

Philosophen wie Montaigne, Nietzsche und Adorno nutzen kunstvoll komponierte literarische Formen, um ihre Reflexionen festzuhalten und anderen mitzuteilen. Im geschliffenen Fragment kommen ihre Maximen, Perspektiven, Kritiken, sogar Theorieansätze zum Vorschein. Sie liefern, neben ihren kunstvollen Kurztexten, Reflexionen über die literarische Form selbst mit.

Essay

Seit Montaigne steht der Essay für den Versuch, die Erprobung einer Idee, einer Haltung oder sogar seiner selbst. Vor allem Adorno ist ein prominenter Fürsprecher des Essays und verteidigt ihn als die Form, die den „traditionellen Begriff von Methode" überzeugend „suspendiert".[27]

Merkmale des Essays

Theodor W. Adorno hebt die diskontinuierliche Gedankenführung, die Betonung des Einzelnen und Stückhaften und die konzeptionelle Unabgeschlossenheit als zentrale Merkmale des Essays hervor, aufgrund derer er sich den vereinnahmenden Zwängen des Wissenschaftsbetriebs entziehen könne und die antiideologische „kritische Form par excellence"[28] darstelle. Denn der Essay suspendiere die diskursive Über- und Unterordnung von Begriffen und Argumenten, die Ideale einer „lückenlos durchorganisierten Wissenschaft", die die „Spur repressiver Ordnung"[29] tragen. Die Macht dieser Praktiken könne durchbrochen werden, indem im Essay Begriffe, ihr Verhältnis zueinander und die Wechselwirkung im Prozess geistiger Erfahrung „teppichhaft", als „verflochtene Momente"[30] verarbeitet werden. Der Essay, so Adorno, hat einen subversiven Zug: Er löst feste Begriffe, Definitionen, streng logische Methode und Autorität von Texten auf und ermöglicht stattdessen die Verarbeitung von Erfahrung, die immer durch Kontexte konstituiert ist, sowie die Schaffung von Erfahrungsräumen.

In seiner Minima Moralia legt Adorno solche Erfahrungen in loser und unsystematischer Form vor, die essayistisch oder aphoristisch philosophische Gedanken über das Leben formulieren. So finden sich Reflexionen über das Fehlen von Fensterflügeln, Nachdenkliches über das Verschwinden von Schlüssellöchern, das Lob auf die Pantoffeln oder die Kritik am Leben von Zootieren. Das Buch versammelt verschiedene kulturdiagnostische und kulturkritische Texte und wirft die Frage nach dem richtigen Leben auf. Innerhalb dieser Spannung forscht der Autor nach den Erfahrungen von Entfremdung, Verdinglichung, objektiven Zwängen, die die menschliche Existenz durchdringen und konstituieren; er kritisiert den technischen Fortschritt, die instrumentelle Behandlung von Menschen in verdinglichten Beziehungen, die Tauschbarkeit aller Leistungen und Menschen sowie die Ohnmacht echter Zärtlichkeit zwischen Menschen. In den Texten zeigt der Autor den Aufschein verzweifelter Humanität; der Versuch blitzt auf, die Prozesse vom Standpunkt des Anderen, der Hoffnung auf Überwindung der Vereinzelung und Isolation in instrumentellen Kontexten zu sehen.

Essays aus der Minima Moralia eignen sich daher gut zum Philosophieren in der Schule; sie bieten einen interessanten Anlass zum eigenen Philosophieren, indem sie Erfahrungsräume eröffnen, die der Rezipient beim Lesen durchschreiten kann. Lebenserfahrungen werden angesprochen, die auch für Schüler und Schülerinnen interessant sind. Der Verlust von Erfahrungsräumen durch Ökonomisierung und Technisierung der Gesellschaft, der Verlust von Nähe und Wärme durch instrumentelle Beziehungen oder biografische Brüche oder der Umgang mit Tieren sind nur einige Beispiele. Der subjektive Zugang, der Verzicht auf einen explizit formulierten systematischen theoretischen Zusammenhang macht es interessant, mit den Texten zu arbeiten. Gerade die Form der Texte bietet Schülern und Schülerinnen gute Möglichkeiten zu philosophieren. Verschiedene Essays von Adorno bieten Möglichkeiten, mit Schülern und Schülerinnen zu arbeiten.[31]

Anlass zum eigenen Philosophieren

3.2.2 Philosophieren mit philosophischen Aphorismen

Aphorismen erregen durch ihre Kürze und ihren Esprit, durch paradoxe Formulierungen oder blitzartig erhellende Aussagen Aufmerksamkeit. Sie sind literarische Perlen, knappe Gedanken oder Reflexionen; charakteristisch ist die Kürze, die Prägnanz, die Originalität, die vor Unerwartetem oder Paradoxem nicht zu-

knappe Reflexionen

rückschreckt. Im Aphorismus werden subjektive Perspektiven vertreten, die aber in präziser Beobachtung und konkreter Erfahrung verankert sind. Es sind einzelne Sätze oder kurze Fragmente, deren Sätze selbstständig für sich bestehen können. Im Unterschied zu Sprichwörtern arbeitet der Aphorismus mit Überspitzungen, Antithesen, Hyperbeln, Emphasen, Metaphern oder ungeschützten Verallgemeinerungen. Dabei setzt er oft den *common sense* voraus, um ihm dann zu widersprechen.

Aphorismus
Der Begriff „Aphorismus" ist vom griechischen *aphorismós* abgeleitet, was so viel bedeutet wie „abtrennen", „abgrenzen", „definieren". In der Literatur und Philosophie bezeichnet er einen kurzen Lehrsatz oder Weisheitsspruch. Wird er zunächst vor allem als medizinischer Lehrsatz genutzt, entwickelt er sich zu einem Werkzeug der Kritik am Systemdenken durch den Gedankensplitter und zu einer philosophischen Form.[32] Diese ist zunächst von Lichtenberg, später auch von Schopenhauer und Nietzsche genutzt und vor allem von Adorno favorisiert worden. Weiter entwickelt wurde diese philosophische Form von Heinz Krüger, der ihn als Einspruch gegen das gesellschaftliche sowie theoretische System fasst und als „geschrumpfte, modellhafte Dialektik"[33] charakterisiert.

In Aphorismen wird die Auffassung verdichtet und so auf besondere Weise anschaulich. Aphorismen, philosophische Gedankensplitter können als einzelne kurze Texte interpretiert, entziffert und ausgelegt werden. Sie eröffnen im Lesen und Denken Spielräume. Die gemeinsame Auslegung ermöglicht, viele Lesarten miteinander ins Spiel zu bringen. Man kann Aphorismen als Textfragmente lesen, die eine freie Anknüpfung und Weiterverarbeitung zulassen, man kann verschiedene Aphorismen nebeneinander stellen und so neue Spannungsfelder zu anderen Problemfeldern schaffen, oder man kann ihre philosophische Verdichtung zu entfalten versuchen.[34]

Abb. 10: Georg Christoph Lichtenberg in einem Portrait von J. C. Krüger, Ausschnitt

Aphorismen können zum Anlass werden, über Fragen von Glück, Liebe, Sexualität, Lebensgestaltung, Grenzerfahrungen des Menschen etc. zu philosophieren. Man kann mit ihrer Hilfe zentrale Gedanken komplexer Autoren in den Unterricht einbringen. Zur Hinführung kann man zunächst ein Brainstorming zum jeweiligen Begriff oder Sachverhalt durchführen. So können die Schüler und Schülerinnen sich bewusst machen, welches Vorverständnis sie haben. Danach kann man ihnen einen Aphorismus vorlegen.

Beispiel

„Wie geht es, sagte ein Blinder zu einem Lahmen. Wie Sie sehen, antwortete der Lahme.“[35]
„Geliebt wirst Du einzig, wo schwach du dich zeigen darfst, ohne Stärke zu provozieren.“[36]

produktive Verfahren

Produktive Verfahren und eigenes Schreiben können mit der Interpretation der Sätze verbunden werden. Der Aphorismus von Lichtenberg kann umgeschrieben werden in ein anderes Text-Genre. Die Aufgabe, eine Spruchpostkarte für den Liebsten oder die Liebste zu gestalten, könnte den Aphorismen von Adorno vorausgehen. Der Vergleich der verschiedenen Akzentsetzungen und das Schreiben eines eigenen philosophischen Aphorismus könnten sich anschließen. Eine Sammlung von Aphorismen schlägt vielfältige und kreative Arbeitsanregungen und Methoden wie Basteln, Spielen, Schreiben und Techniken zum Verfassen eigener Aphorismen vor.[37]

3.3 Verfahren der Textinterpretation

3.3.1 Klassische Verfahren der philosophischen Textinterpretation

Texte sind sehr wichtig im Philosophieunterricht. Sie präsentieren Weltsichten, Argumente, Deutungen verschiedenster Fragestellungen etc. Ohne die Arbeit an spannenden, paradigmatischen Ansätzen aus der Ideengeschichte könnte die eigenen Welt- und Selbstreflexion nicht fundiert durchgeführt und vor allem auch durchgehalten werden.

Um philosophische Texte zu verstehen genügt einfaches einmaliges Lesen der Texte nicht, sie müssen methodisch angemessen interpretiert werden. Der Text als Gewebe, Geflecht ist ein Zusammenhang von Sätzen, Thesen, Argumenten, Schlussfolgerungen, die gerade in philosophischen Texten oft sehr dicht, manchmal fast hermetisch sind. Zum Textverstehen gibt es verschiedene Schritte:

philosophisches Textverstehen

- die Klärung von Begriffen
- die Analyse von Sprechakten und Satzstrukturen
- die Analyse von Argumenten, Argumentationsschritten und der Aussage des Textes
- die Sinnerschließung und die Problematisierung

Verfahren der Textanalyse können grundsätzlich unterschieden werden nach a) Verfahren mit enger Lehrersteuerung wie die Satz-für-Satz-Lektüre (close reading) oder die Arbeit mit Leitfragen und Arbeitsblättern, b) eigenständig handhabbare Verfahren wie die Strukturierung von Texten und das Finden von Überschriften, die Rekonstruktion zentraler Begriffe, die Kennzeichnung von Sprechakten, das Erstellen von Strukturskizzen und die Rekonstruktion des zentralen Argumentationsschemas, und c) die selbstständigen Verfahren wie die eigenständige Interpretation, das Verfassen eines Kommentars etc.[38] Alle Verfahren haben ihren Sinn und ihre Berechtigung, je nachdem mit welchem Bildungsziel sie in welcher Lerngruppe zu welchem Text eingesetzt werden.

zehn Arten

Rohbeck transformiert auch für das Lesen und Verstehen von Texten aus den philosophischen Denkrichtungen zehn Arten, einen Text zu lesen. Dieser Vorschlag ist sehr instruktiv, weil er zeigt, wie der gleiche Text (zum Beispiel ein Auszug aus der Nikomachischen Ethik von Aristoteles) auf verschiedene Weisen aus Sicht der Hermeneutik, der Dekonstruktion, der Phänomenologie, der analytischen Philosophie, der Dialektik, des Konstruktivismus und des Strukturalismus gelesen werden kann.[39] Die Verfahren eignen sich auch sehr gut für die Innere Differenzierung, weil die Schüler und Schülerinnen ein Verfahren wählen können, das ihnen liegt und Freude macht.

rezeptionsorientierte Textarbeit

Das Grundverständnis einer rezeptionsorientierten Textarbeit, dafür typische Unterrichtsphasen und methodische Zugänge aus Sicht der analytischen und hermeneutischen Interpretation helfen, die häufig fehlende Motivation der Lernenden, genuin philosophische Texte zu knacken, zu überwinden und ein selbstständig anwendbares Methodenwissen zu vermitteln.[40] Noch motivierender und gleichermaßen leistungsfähig sind allerdings produktionsorientierte und theatrale, texteröffnende Verfahren der Interpretation von Texten.

3.3.2 Produktionsorientierung im Philosophieunterricht

Charakteristisch für alle Formen des produktionsorientierten Umgangs mit Texten ist, dass die Schüler und Schülerinnen im Prozess des Lesens selbst produktiv sind, d.h. dass sie ein Bild oder Spiel gestalten, einen Text zu Ende schreiben, einen Gegentext verfassen, einen Text transformieren oder auch freie Texte zu einem Problem oder Thema schreiben.

Der produktive Umgang macht nicht nur eine genaue Textanalyse notwendig, sondern setzt auch Spaß und Kreativität frei und ermöglicht zudem die ganzheitliche Förderung der philosophischen Grundkompetenzen.

Die Beispiele entsprechen den verschiedenen grundlegenden Formen produktionsorientierter Verfahren. Sie umfassen die Ausfüllung von Leer- und Unbestimmtheitsstellen, die Visualisierung von Texten, die Bearbeitung eines modifizierten Textes und die produktive Veränderung eines Originaltextes.

Ausfüllen von Leer- und Unbestimmtheitsstellen

Beim Verfahren des Ausfüllens von Leer- und Unbestimmtheitsstellen geht es darum, im Ausgangstext enthaltene Prämissen, Implikationen, die nicht genau differenziert werden, durch das produktive Auffüllen zum Ausdruck zu bringen. So kann man Texte, in denen ein Moralprinzip oder ein zentraler, mehrdeutiger Begriff begründet wird wie das Prinzip der gleichen Interessenabwägung, die Menschenwürde, die konkrete Utopie, schönes Leben etc. dadurch konkretisieren, dass man die Schülerinnen und Schüler Gedankenblasen neben den Begriffen ausfüllen und in diese eintragen lässt, was gemeint sein könnte. Diese spontanen Verständnisse können beim weiteren Interpretieren einbezogen werden. Oder man kann die Textstellen mit einer Karikatur verknüpfen, in der eine konkrete Situation veranschaulicht wird und die Aussage des Textes auf die Aussage in der Karikatur beziehen lassen.

Visualisierung

Beim Verfahren der Visualisierung von Texten geht es darum, das Gelesene in ein anschauliches Bild, ein Plakat, ein Poster, einen Comic oder Ähnliches zu transformieren. Genaues Lesen, eine eigene Interpretation und kreative Ideen der Umsetzung in ein neues Medium sind gefordert. Die Parabel von Nietzsche über die drei Verwandlungen des Geistes vom Geist zum Kamel, vom Kamel zum Löwen und vom Löwen zum Kinde[41] ließe sich, statt dass man ihn mit klassischen Mitteln der Textanalyse diskursiv interpretiert, zunächst in ein Bild umsetzen. Die Schüler und Schülerinnen erhalten den Auftrag, die Gedanken und Auffassungen des Textes visuell darzustellen. Anhand der verschiedenen Darstellungen werden dann die jeweiligen Interpretationen verglichen und besprochen. Die Erstellung und Ausstellung von Postern bietet eine andere Möglichkeit, auf kreative und selbstständige Weise ein Thema aufzuarbeiten, zu visualisieren, auszustellen und darüber in das Gespräch mit anderen zu kommen. Grundlage ist die Herstellung von Postern zu einem Thema, die durch ihre inhaltliche und optische Gestaltung Informationscharakter für andere tragen sollen. In verschiedenen Gruppen wirden wird je ein für relevant gehaltener Aspekte eines Themas erarbeitet, mittels eines Posters präsentiert und in einer kleinen Posterausstellung den jeweils anderen Gruppen vorgeführt. Alle haben so die Möglichkeit, sich mittels verschiedener Poster neben dem eigenen Arbeitsschwerpunkt zu verschiedenen Sachverhalten eines Themenkomplexes zu informieren. Im Anschluss an die Poster-Begehung findet eine Auseinandersetzung und Diskussion über die Präsentationen statt.

Rezeption eines modifizierten Textes

Beim Verfahren der produktiven Rezeption eines modifizierten Textes arbeiten die Schüler und Schülerinnen mit vom Lehrenden modifizierten Texten; sie müssen eingebaute Störfälle, Auslassungen, Umformungen oder andere Veränderungen kreativ aufgreifen und beseitigen, indem sie einen ausgelassenen Teil des Textes ergänzen oder eine Unordnung sortieren.

Textauszüge können den Schülern und Schülerinnen als Puzzle gegeben werden. Die Schüler und Schülerinnen erhalten die Aufgabe, die Abschnitte wieder so zusammenzufügen, dass eine sinnvolle Chronologie des Textes hergestellt wird. Die Schüler und Schülerinnen müssen beim Lesen nach Anhaltspunkten für eine Ordnung suchen und können so spielerisch die zentralen Begriffe und Argumente des Textes erarbeiten. In der anschließenden Auswertungsphase kann anhand der verschiedenen Lösungsvorschläge über die Implikationen des Textes gesprochen werden. Vermischte Texte, zwei Ansichten verschiedener Philosophen, die man in einem Text zusammengefügt hat, kann man darauf hin untersuchen, was mit ihrem Stil nicht stimmt.

produktive Veränderung eines Textes

Bei der produktiven Veränderung eines Textes müssen die Schüler und Schülerinnen Textvorlagen selbst bearbeiten. So lassen sich Texte verändern, indem sie für eine andere Zeit geschrieben werden, die Sprachform des Textes verändert wird, aktuelle Bezüge eingearbeitet werden oder der Text in eine andere Textform oder in eine Gegenfassung umgeschrieben wird. Eine Form, einen Text produktiv zu verändern, ist, das Vokabular eines Textes zu verändern, zum Beispiel das Vokabular eines schwierigen Textes durch ein leichteres zu ersetzen, den Text umzuschreiben und dann zu vergleichen, was mit dem Text passiert.[42]

Diese Aufgabe ist anspruchsvoll und nicht leicht zu bewältigen; sie nutzt aber die Phase des Unterrichts, die man in der Regel für die Vorab-Klärung schwieriger Begriffe braucht, auf kreative und die Eigentätigkeit der Schüler und Schülerinnen fördernde Weise. Durch die Benutzung unterschiedlichster Lexika oder Wörterbücher und sehr unterschiedliche Vorkenntnisse entstehen ganz verschiedene Übersetzungen des Textes. Im Streit um die beste Übersetzung steigen die Schüler und Schülerinnen ganz von selbst und ohne Lenkung durch Lehrende in die Interpretation des Ausgangstextes ein.

Textauszüge können auch so produktionsorientiert erarbeitet werden, dass man die Schüler und Schülerinnen aus der Sicht des einen Philosophen einen Brief an einen anderen, einen Gegner schreiben und so darlegen lässt, was jeweils kritisiert wird. Sehr instruktiv ist es auch, verschiedene Positionen für ein Rollenspiel aufzubereiten. Die Interpretation kürzerer Texte, z.B. auch Texte zur Frage nach dem Glück lässt sich organisieren, indem man die verschiedenen Vertreter der jeweiligen Position zu einem fiktiven Streitgespräch unter Experten einlädt. Die Schüler und Schülerinnen übernehmen die Rolle des jeweiligen Experten, d. h. sie müssen jeweils aus der Perspektive dessen, der den vorliegenden Text geschrieben habt, für eine bestimmte Position streiten. Nach dem Rollenspiel werden die unterschiedlichen Argumentationsweisen problematisiert und ausgewertet.

3.3.3 Theatrale Formen und Ansätze im Sinne der dekonstruktivistischen Methode

Gefert hat auf der Basis seines symboltheoretischen und dekonstruktivistischen Ansatzes verschiedene komplexe und aufwendige, aber auch kleine und leicht umsetzbare theatrale Formen des Philosophierens begründet. Dabei werden immer die leiblich-kreativen Ausdrucksformen der Philosophierenden integriert. Das geht in Form einer performativen Geste, einem Standbild, einer Pose, der Improvisation einer Szene zum Beispiel zu

kleine szenische Formen

einer These von Wittgenstein, zu einem Aphorismus von Nietzsche oder einem Begriff von Aristoteles. Die kleine szenische Darstellung eines kurzen philosophischen Textes oder auch das größere Performance-Projekt zur Erschließung der Bedeutung eines längeren Textes sind möglich.

vier Phasen

In einem theatralen Projekt sind vier Phasen zu durchlaufen:

- In der *Argumentationsphase* werden in einem Gespräch über einen philosophischen Text zentrale Begriffe oder Argumente erörtert und gesammelt, die theatral artikuliert werden und auf diese Weise stärker ausgedeutet werden sollen.
- In der *Vorbereitungsphase* werden die Lernenden auf die Durchführung vorbereitet, indem sie in Übungen theatrale Formen kennen lernen und dafür sensibilisiert werden.
- In der *Erprobungsphase* erproben die Lernenden eigene theatrale Ausdrucksformen, um ihre Deutung zu artikulieren und so das Kernmaterial für die Performance zu erarbeiten.
- In der *Reflexionsphase* werden die erprobten theatralen Ausdrucksformen ausgewertet im Hinblick auf die Ausdruckskraft für die Deutung des Textes. Ideen für eine Weiterentwicklung des Kernmaterials und die abschließende Gesamtpräsentation werden erarbeitet.[43]

verschiedene Textsorten

Für die vier Arbeitsphasen werden mit Hilfe von Impulsen oder Arbeitsanregungen Möglichkeiten eröffnet, die Texte, Fragen etc. theatral umzusetzen. Gefert stellt das Verfahren an drei Textbeispielen zu Voltaire, Nietzsche und Aristoteles vor, die für drei Sorten von Texten stehen und alle geeignet sind: sachlich argumentierende systematische Texte, dialogisch aufgebaute Texte und metaphorische, bildhafte Texte. Die verschiedenen Textsorten lassen sich entsprechend auch unterschiedlich theatral erproben: entlang von Beispielen (Aristoteles), durch das Weiterspinnen des Dialogs (Voltaire) und durch Assoziationsketten entlang der Metaphern (Nietzsche).[44]

aufschiebendes Lesen

Neben Textinszenierungen bezieht Gefert auch dekonstruktivistische Verfahren der Texteröffnung und Analyse ein. Diese Verfahren setzen an bei der dekonstruktiven Arbeit mit der Sprache, mit Sätzen und Wörtern. Eine Variante ist das aufschiebende Lesen durch die Inszenierung kleiner Textelemente. Eine weitere Strategie ist das Bilden von Hypertexten zu einem Ausgangstext oder das Spielen mit der Metaphorik eines Textes.[45]

Beim Texttheater, einer kleinen und leicht umzusetzenden Form des leiblich-spielerischen Philosophierens, geht es darum, einen einzelnen Satz zu einem Thema, einem Begriff, einer Fragestellung, einer Wertentscheidung etc. aufzuschreiben. Einzelne dieser Sätze werden dann in einem Texttheater gesprochen. Dazu stellen sich, je nach Gruppengröße, alle oder einige nach dem Schreiben des Satzes wie ein Chor auf und sprechen ihre Sätze unter Anleitung eines Dirigenten, einer Dirigentin. Sinn und Zweck der Übung ist, dass durch die kleine Inszenierung, in der die Chormitglieder beim Lesen ihres Textes unterschiedliche Akzente setzen können, Inhalte von Sätzen eindringlicher und einprägsamer in den Raum gestellt werden. Die Interpretation der dadurch im Raum stehenden philosophischen Auffassungen wird durch die szenische Darstellung erweitert, erleichtert, motivierender. Auf diese Weise können auch phänomenologisch unterschiedliche Eindrücke und Stimmungen zum Ausdruck gebracht und zur Grundlage der Reflexion werden.[46]

Texttheater

Weiterführende Literatur:

V. Albus: Kanonbildung im Philosophieunterricht. Lösungsmöglichkeiten und Aporien. Dresden 2013.

S. Pfeiffer und C. Klager: Spielend Philosophieren. Lektüreheft. Leipzig 2012.

S. Pfeiffer: Philosophische Gedankensplitter. Philosophieren über Aphorismen. Leipzig 2014.

R. Zill: Ein Rudel voller Einzelgänger. In: J. Rohbeck (Hg.): Anschauliches Denken. Dresden 2005. S. 153-183.

VI. Sprechen, Schreiben und Hören als Formen des Philosophierens

Argumentieren, Begriffe klären, Schreiben, Hören und Deuten sind zentrale Formen des Philosophierens, die jeweils mit bestimmten methodischen Ansätzen und Medien verbunden sind.

1. Formen des Argumentierens

Argumentieren

Formen des philosophischen Argumentierens und Vorschläge zur Begriffsklärung sind vielfach praxisorientiert ausbuchstabiert und erprobt.[1] Auch Formen und Kriterien ethischen Argumentierens, Modelle ethischer Urteilsbildung sowie Unterrichtsbeispiele zur Förderung der moralischen Urteilskraft gibt es reichlich.[2] Für die Fachdidaktik ist ebenso die Rhetorik der Rede interessant, weil sie lehrt, wie man angemessen in der Rede in konkreten Situationen überzeugen kann. Sie verbindet den philosophischen Anspruch auf Gültigkeit von Argumenten mit der Pragmatik der Kommunikation, die andere überzeugen will.[3]

Das Gedankenexperiment, eine zentrale philosophische Methode,[4] hat in der Fachdidaktik durch Hans-Ludwig Freese, G.W. Bertram und Helmut Engels besonderes Gewicht bekommen.[5]

Die Dilemma-Methode gilt als geeignetes Mittel zur Aufnahme und Thematisierung von moralischen Problemsituationen. Die Dilemma-Methode basiert auf den Untersuchungen des amerikanischen Entwicklungspsychologen Lawrence Kohlberg zur Moralentwicklung von Kindern und Jugendlichen. Zwar werden Kohlbergs psychologischen Prämissen, sein Stufenschema und das Exponieren eines spezifischen Verständnisses von Moral von vielen Seiten kritisiert.[6] Die Orientierung an konkreten moralischen Problemen und die eigenständige ethische Analyse des Problems als Methode der Normreflexion werden aber geschätzt.[7] Die Dilemma-Methode, die von Lind,[8] Blesenkemper[9] und anderen weiter entwickelt wurde, ermöglicht es, die moralischen Intuitionen bewusst zu machen, auf den Begriff zu bringen, zu analysieren und zu differenzieren.

philosophische Fallanalyse

textungebundene Analyse

Eine Form des Argumentierens, die eine bisher vernachlässigte Aufgabenkultur im Unterricht ermöglicht und sogar in Zukunft als Aufgabentyp im Zentralabitur Philosophie umgesetzt wird, ist die philosophische Fallanalyse.[10] Sie kann Grundaspekte selbstgesteuerten Lernens im kompetenzorientierten Fachunterricht realisieren. Es wird ein konkreter Fall aus der Lebenswelt vorgestellt, den die Schüler und Schülerinnen selbstständig, ohne Rückgriff auf Texte philosophisch analysieren sollen. Solche Fälle sind zum Beispiel moralische Zwickmühlen, also Situationen, in der jede Entscheidung zu negativen Konsequenzen führt. Zum Beispiel kann man diskutieren, ob man einem Entführer Gewalt androhen darf, um die Preisgabe des Verstecks des Entführungsopfers zu erzwingen.

genaues Lesen

Die Fallanalyse umfasst sechs Schritte: Der *erste Schritt* ist die Präsentation und das genaue Lesen des Falls. Der Fall ist realitätsnah aber fiktiv. Er schildert eine konkrete, klar umgrenzte Situation. Er erfordert zum Durchdenken und Beurteilen kein Expertenwissen. Er stellt ein ethisches oder philosophisches Problem in den Vordergrund. Faktenwissen ist dabei wichtig, aber nur von begrenzter Bedeutung. Zur Diskussion steht die Frage, was in der geschilderten Situation zu tun ist. Er fordert zu einer Entscheidung zwischen komplexen Handlungsweisen auf, die auch den Charakter moralischer Zwickmühlen annehmen können. Leitgedanke bei diesem Schritt ist die Frage, was genau das zugrundeliegende Problem im jeweiligen Fall ist.

Spontanurteil

Der *zweite Schritt* ist das Spontanurteil. Die Schülerinnen und Schüler geben ein erstes Urteil auf der Grundlage ihres lebensweltlichen Wissens und Wertens ab. Dieses Urteil, das in Einzelarbeit und mit einer Begründung kurz schriftlich festgehalten werden kann, wird mündlich abgefragt, z.B. durch das Abgeben eines Meinungsbilds oder eine Abstimmung innerhalb der Lerngruppe. Leitfrage ist hier, welche Handlungsoptionen zur Debatte stehen.

Kontextwissen

Im *dritten Schritt* eignen sich die Lernenden im Rahmen einer Sachverhalts- bzw. Situationsanalyse das nötige Kontextwissen an, um die Situation bzw. den Fall angemessen einschätzen zu können. Relevante Informationen über rechtliche Hintergründe, genaues Wissen über technische Optionen oder sozialwissenschaftlich relevantes Wissen, die Klärung zentraler Begriffe und die Differenzierung ihrer philosophischen Implikationen findet auf dieser Ebene statt. Die Schüler und Schülerinnen klären so den Kontext und die Umstände der Situation.

philosophische Analyse

Im *vierten Schritt* wird die ethische bzw. philosophische Analyse durchgeführt. Zunächst werden die Interessen, Werte und Normen, die von der Handlung des Falls berührt werden, differenziert. Die Schülerinnen und Schüler klären die zur Diskussion stehenden Interessen, Werte und Normen aller von der Situation Betroffenen. Sie unterscheiden verschiedene Handlungsoptionen mit ihren Folgen, prüfen, inwiefern welche Werte und Normen betroffen sind und sammeln Argumente für oder gegen die verschiedenen Handlungsoptionen.

Daran anschließend, im *fünften Schritt* werden die Werte und Normen, die die Basis der Argumentationstypen, Moraltheorien und Moralkonzepte sind, reflektiert.[11] Die Schülerinnen und Schüler durchdenken, wie man als Anhänger der Ethik X,Y,Z argumentieren würde. Sie knüpfen so Rückbezüge zu den ihnen bekannten ethischen bzw. philosophischen Positionen und ordnen den konkreten Fall in die weitere philosophische Diskussion ein.

Normreflexion

Im abschließenden *sechsten Schritt* wird ein moralisches oder philosophisches Urteil gefällt. Vor dem Hintergrund des Erarbeiteten formulieren die Schülerinnen und Schüler ihr Urteil und prüfen noch einmal die sich daraus ergebenden Konsequenzen. Sie reflektieren, wie sie zu diesem Urteil gekommen sind, vergleichen ihr Urteil mit dem Spontanurteil, prüfen ihre Haltung zum Fall und zu ihrer eigenen Urteilsfindung und stellen dann ihre Ergebnisse zur Diskussion. Sie können ihr Urteil und ihre Argumentation z.B. in Form eines Essays, Leserbriefs, Kommentars oder Artikels auch schriftlich veröffentlichen.

Begründung des Urteils

2. Schreiben im Philosophie- und Ethikunterricht

2.1 Argumentierendes Schreiben

Argumentierendes Schreiben sollte in der Oberstufe, zur Verbesserung der schriftlichen Argumentationskompetenz gefördert werden. Dazu reicht es nicht, die Lernenden die aus den Texten rekonstruierten Argumentationsgänge verschriftlichen und problematisieren zu lassen.

argumentierendes Schreiben

Texte weisen spezielle Strukturen auf, die den Schreibprozess gedanklich steuern und einen inhaltlich nachvollziehbaren Zusammenhang erzeugen. Die dazu notwendigen Kompetenzen kann man aufbauen und die Angemessenheit solcher Texte kann man auch bewerten. Wichtig ist die Entwicklung einer erkenntnisleitenden Fragestellung: Die Lernenden können mit einer Fragestellung, die sie selbst aufgeworfen und entwickelt haben, das Material, die inhaltlichen Aspekte, sortieren und in eine sinnvolle Textstruktur einbinden.

Strategien wie die ABER-Methode, bei der Schüler und Schülerinnen angehalten sind, sich selbst zu überlegen, wie man der eben dargelegten Position widersprechen könnte, sind Hilfen dabei, die Angst vor dem leeren Blatt zu überwinden und mit dem Schreiben zu beginnen. In einem Argumentationsblitz können die Schüler und Schülerinnen schnell wichtige Argumente zu einer Frage formulieren, die sie später sortieren und in ihren Texten verwenden. Die Visualisierung der eigenen Argumente in einem Argumentationsschema hilft dabei, zentrale Argumente zu zeigen, zu bedenken, ihre Zusammenhänge zu entwickeln und diesen Part für den eigenen Text zu nutzen. Modelle schlüssiger Argumentation sowie auch Landkarten entwickelter Argumentationen können genutzt werden, um die eigene Argumentation damit abzugleichen.

Erstellung eines Schemas

Zur Unterstützung der Lesersteuerung können typische Konjunktionen, wichtige performative Verben, Synonyme etc. vermittelt werden. Sprachliche Bilder, die das Verständnis der Argumentation veranschaulichen, können vermittelt werden. Instruktive Methoden dazu sind das Formulierungspingpong, bei dem man für das zu untersuchende Phänomen Synonyme so lange in die Runde wirft, bis die Ideen erschöpft sind. Eine andere Methode ist das Labeling im Rahmen eines Brainstormings: Hier sammelt man nicht nur alle Assoziationen, sondern das Argument oder die zentrale These werden möglichst in einem einzigen prägnanten Satz mit Hilfe eines zugespitzten bildlichen Vergleichs formuliert. Alle Schritte zusammen ermöglichen die ausführliche Vorstrukturierung von Schreibprozessen und das Schreiben.[12]

2.2 Das Schreiben eines Essays

Schreiben von Essays

Zur Textsorte Essay gehören im Fach Philosophie kürzere Arbeiten über einen Philosophen, einen philosophischen Gegenstand oder eine philosophische Problemlage. Essays zeichnen sich durch eine anspruchsvolle Form aus. Eine schwerfällige akademische Ausdrucksweise macht einer zwar nicht weniger kohärenten und verständlichen, aber stets flüssigen und durchsichtigen Alltagssprache Platz.

Ein Essay ist kein expositorisch oder argumentativ gestalteter Text, zu dem die Diskussion der Sekundärliteratur gehört. In

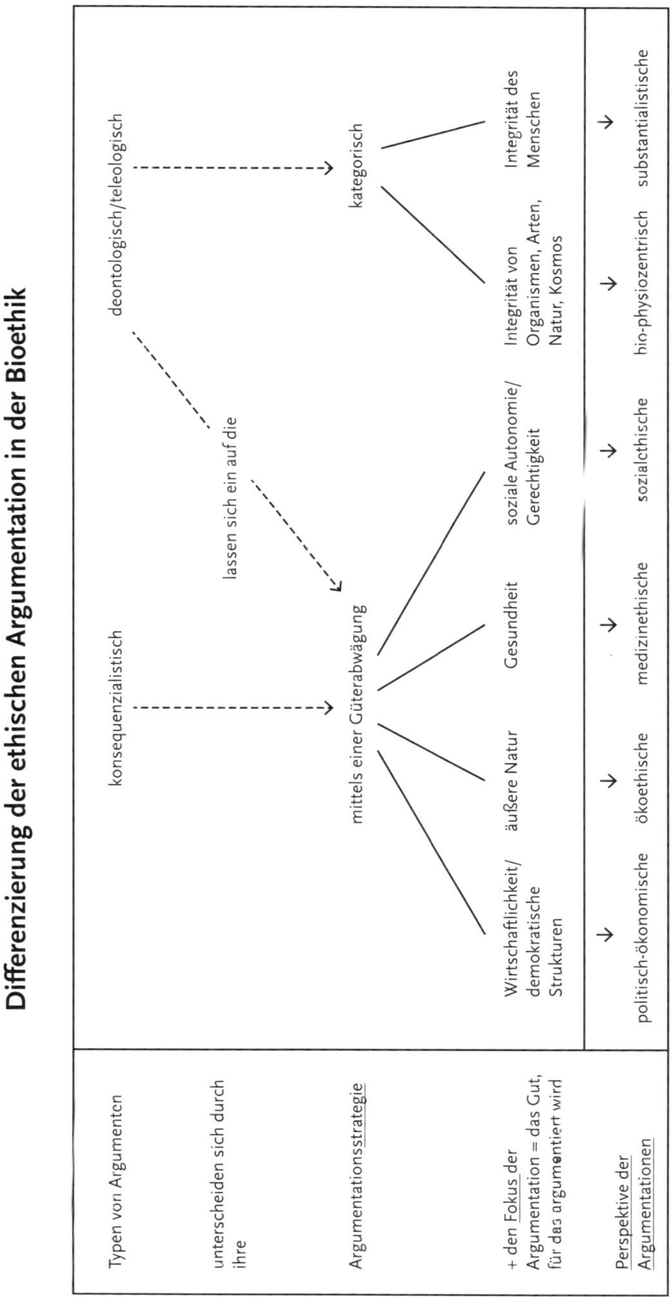

Abb. 11: Beispiel für ein Argumentationsschema

ihm wird bewusst die subjektive Meinung des Verfassers bzw. der Verfasserin über ein ihn bzw. sie interessierendes Thema zu einem leicht lesbaren Text oder einem Problem verarbeitet. Der Essay ist nicht gleichzusetzen mit einem Aufsatz, d.h. einer Arbeit, die ihren Gegenstand systematisch erörtert und darlegt, aber auch nicht mit einem literarischen Selbstbekenntnis. Er ist vor allem die geistreiche Verteidigung eines philosophischen Standpunktes. Dabei wird die wissenschaftliche Auseinandersetzung in literarisch stilvoller Art und Weise geführt.

geistreiche Verteidigung

Das Schreiben von Essays kann die Schreibkompetenzen von Lernenden insgesamt fördern und sie darauf vorbereiten, dass sie die verschiedenen Anforderungsbereiche philosophischer Textanalysen, wie sie auch im Abitur verlangt werden, erfüllen können. Beim Schreiben helfen Methoden, die Gedanken nach und nach zu verfertigen. Zunächst muss unterschieden werden zwischen den eher argumentierenden, analytisch-diskursiven Essays oder den freien literarischen Essays. Für beide Varianten des Essay als kleine Form eines eigenen Textes gibt es hilfreiche methodische Hilfestellungen.

Prüfung einer Ansicht

Es gibt verschiedene Arten des argumentierende Essays[13] mit jeweils eigener charakteristischer Struktur. Grundlegend ist die kritische Prüfung einer Ansicht, d.h. einer These, eines Argumentes oder eines Problemzusammenhangs anderer Autoren bzw. Autorinnen. Dazu sind zwei Schritte erforderlich: die Darstellung und die Kritik der zu prüfenden Ansicht. Bei der Darstellung wird die fragliche Ansicht mit den sie untermauernden Argumenten oder die Struktur der Argumentation offengelegt und zur Diskussion gestellt. Die Kritik gilt auf der einen Seite der Position selbst und auf der anderen Seite den Argumenten, auf die sie sich stützt. Dabei kann man sich sowohl deren Form als auch deren Inhalt zuwenden.

fallentscheidender Essay

Im urteilenden oder fallentscheidenden Essay fungiert dessen Verfasser bzw. Verfasserin als Schiedsrichter in einer philosophischen Kontroverse. Er bzw. sie versucht, zu einer Bewertung der Stärken und Schwächen konkurrierender Positionen zu gelangen. Dazu müssen die Positionen auch hier wieder dargestellt und diesmal natürlich auch verglichen und zu guter Letzt im Lichte einer begründeten Entscheidung umsichtig beurteilt werden.

problemlösender Essay

Anders als bei den beiden ersten Typen sind beim dritten Typ, dem problemlösenden Essay, vermehrt Selbstständigkeit und Kreativität gefragt. Statt Positionen anderer Philosophen darzustellen und auszulegen, tendiert dieser Typ zur eigenen, einfallsreichen Lösung eines philosophischen Problems. Natürlich muss dieses erst einmal dargestellt und analysiert werden; sodann müssen Kriterien für seine Lösung entwickelt werden. Bei der Lösung kann man durchaus auf andere Vorschläge zurückgreifen. Vom eigenen Vorschlag muss aber unbedingt nachgewiesen werden, dass er die Adäquatheitskriterien erfüllt. Man kann auch Einwände und Kritik vorwegnehmen und diskutieren.

Mit einem Essay kann man auch eine eigene philosophische These formulieren oder verteidigen. Diese muss zunächst sorgfältig dargelegt und mit Argumenten abgesichert werden. Diese Art von Essay stellt freilich hohe Ansprüche an die Schülerinnen und Schüler bezüglich ihrer Kreativität und Kompetenz des freien Schreibens. Diese freiere Form des Essays setzt sich zusammen aus fünf Schritten:

freier Essay

- Zunächst wird das philosophische Problem formuliert und analysiert.
- Kriterien für eine angemessene Lösung des Problems werden entwickelt.
- Die Lösung mit Bezug auf andere Lösungsvorschläge wird entfaltet.
- Die Angemessenheit der eigenen Lösung wird ausgewiesen.
- Mögliche Einwände und Kritikpunkte werden einbezogen.

Es kann auch eine eigene These verteidigt werden, und es können auch literarische Formen des Schreibens gewählt werden. Eine vereinfachte Version der Regeln für das Verfassen philosophischer Essays für Anfänger des Philosophierens umfasst ähnliche Schritte[14]

2.3 Philosophische Schreibstile, kreative und narrative Schreibformen

Auch philosophische Denkstile können das Schreiben von Primärtexten initiieren und fördern. Die aus Denkstilen gewonnenen Zugänge wie die Phänomenologie oder die Dialektik, eröffnen Raum für verschiedene Schreibstile. Beim Schreiben in einem bestimmten Denkstil steht die Methode im Zentrum. Erfordert der dialektische Schreibstil zum Beispiel die Verarbeitung von „Widersprüchen", die Einarbeitung widersprüchlicher Sichtweisen, steht beim phänomenologischen Schreiben die genau Wahrnehmung und die Formulierung dieser Wahrneh-

Schreibstile aus Denkstilen

mung im Vordergrund. Sehr instruktiv ist die Förderung des phänomenologischen Schreibens, da das keine sehr verbreitete, aber äußerst spannende philosophische Schreibform ist.[15]

Unter kreativen Formen des Schreibens, die auch fiktionale Texte umfassen, werden Formen verstanden, die den Intuitionen, den Fantasien, dem individuellen Erleben, dem Ausdruckspotenzial, eben dem wenig geregelten Schreiben der Schüler und Schülerinnen Raum geben. In Bezug auf ein philosophisches Problem oder eine Fragestellung findet eine schreibende Auseinandersetzung statt, die frei ist. Es ist kein problemgebundenes Schreiben, bei dem eine konkrete spezifische Fragestellung, ein philosophisches Problem nach spezifischen Kriterien erörtert werden muss. Es ist auch kein textgebundenes Schreiben, bei dem die angemessene philosophische Textanalyse im Mittelpunkt steht. Beim freien Schreiben ist nur die Fragestellung, das Thema vorgegeben, nicht die Form des zu produzierenden Textes.

freies Schreiben

Kleinere Formen sind das Schreiben von Briefen, Tagebucheinträgen oder Texten für die sozialen Medien. Es können auch Aphorismen, Sprüche und Sprichwörter, Kommentare, Reden, Interviews, Dialoge, auch dramatische Dialoge oder Hymnen sowie Anti-Hymnen[16] geschrieben werden. Auch fiktionale Kurztexte wie Fabeln, Märchen oder Parabeln sind möglich. Verfahren wie die Schreibkonferenz, die Textlupe oder der Beautycase zur Überarbeitung von Texten unterstützen den Schreibprozess.[17]

Sehr instruktiv sind Akrostichons und Elfchen.[18] Beim Akrostichon werden die Buchstaben eines philosophischen Begriffs als Großbuchstaben untereinander geschrieben. Zu jedem Anfangsbuchstaben werden sinnergänzende Begriffe gefunden und in einem Satz neben den Großbuchstaben geschrieben. So entsteht ein kleiner philosophischer Text der auch als Grundlage weiterer Bearbeitung dienen kann.

Elfchen

Beim Elfchen, einer Form des Gedichts, ist die Wortanordnung streng geregelt: Auf Zeile eins steht ein Wort, auf der zwei-

Abb. 12: Beispiel für ein Elfchen

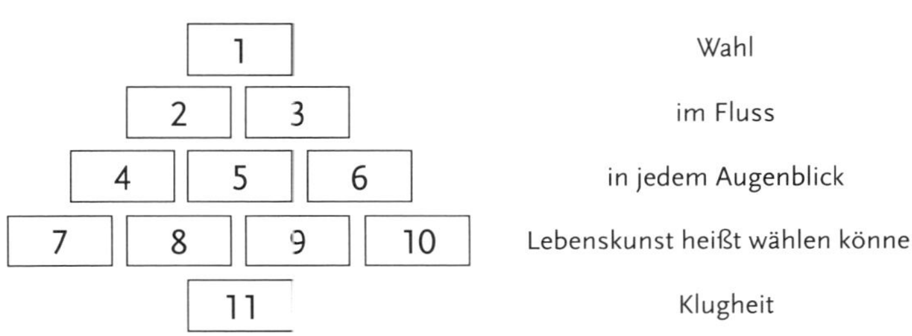

ten Zeile stehen zwei Wörter, auf der dritten drei, auf der vierten vier; und in der letzten Zeile kommt das Elfchen mit einem Wort zum Abschluss.

Es gibt sachliche oder poetische philosophische Elfchen. Diese Form des kreativen Schreibens ist sehr gut geeignet für Lernende, die nicht selbst unbedingt so kreativ schreiben können. Sie sind wunderbare philosophische Grundlagen, um mit eigenen Gedanken zu arbeiten. Sie können auch zur weiteren Verarbeitung genutzt werden.

Schreibtechniken als sehr kleine methodische Einheit sind das Aufschreiben von Denkbildern, Schreibsprints, Gedankenlandkarten, Cluster und Multicluster sowie das Schreiben von Miniaturtexten im Anschluss an ein Cluster. Clustern oder Clustering ist eine Technik, Einfälle und Assoziationen zu einem Begriff oder Thema zu ordnen und so zu strukturieren, dass sie den Ausgangspunkt für einen eigenen kleinen Text bilden. Man geht von einem zentralen Begriff aus, kreist ihn ein und beginnt dann, aus den Einfällen, die man zu diesem Begriff hat, ein Cluster, einen „Klumpen" zu bilden. Dazu lagert man alle Assoziationen an, indem man sie ebenfalls aufschreibt, einkreist und mit einem Strich oder einem Pfeil mit der nächsten Vorstellung verbindet. Zusammengehörende Assoziationen bilden eine Kette, neue Ideen gehen wieder vom Kern aus und bilden eine neue Spur. In die Kreise kann man Wörter, Sätze, Gedanken, Gefühle schreiben; alles, was einem einfällt, ist erlaubt. Wichtig ist, dass das Clustern ohne Anstrengung erfolgt; man schreibt einfach die Assoziationen auf, die im Fluss der Ideen auftauchen.

Miniaturtexte im Anschluss an ein Cluster

Wenn sich die Assoziationen erschöpfen, horcht man in sich, ob man erste Ideen für einen kleinen Text hat. Für diesen Text

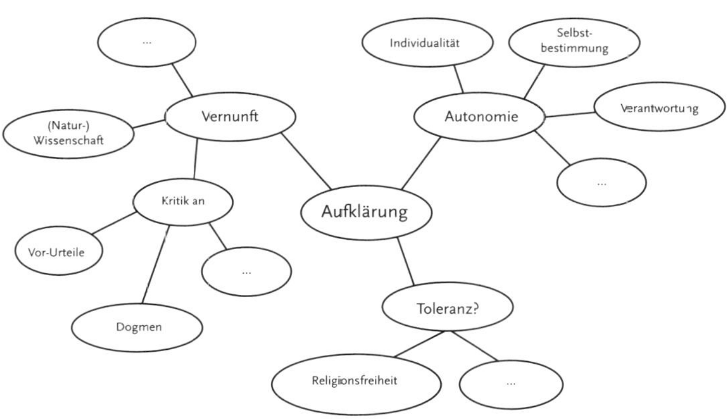

Abb. 13: Beispiel für ein Cluster zum Begriff „Aufklärung"

geht man von den Inhalten des Clusters aus. Man muss nicht alle Ideen des Clusters aufgreifen und verarbeiten, sondern nur die, die einem wichtig erscheinen. So ein Text umfasst circa zwölf Zeilen; er wird innerhlab von höchstens 15 Minuten geschrieben. Man kann, wenn sich der Text dem Ende nähert, versuchen, mit dem letzten Satz des kleinen Textes wieder zum Ausgangssatz zurück zu kehren. So erhält man eine „Miniatur",[19] eine kleine, geschlossene Texteinheit.

Wie auch Foucault mit Blick auf die Antike Schreibformen der Selbstbetrachtung, des eigenen Nachdenkens darstellt, kann man im Philosophieunterricht das Schreiben eines Philosophischen Tagebuchs oder Journals initiieren. Diese Art zu schreiben steht im Dienst der Selbstvergewisserung und der Arbeit an der eigenen Identität. Die Philosophierenden schreiben ihre Gedanken auf zu philosophischen Fragen, Lektüren, Debatten. Sie wählen ihren eigenen Stil, der durchaus als Kombination von Sachtext, literarischer Form, poetischer Rede gestaltet sein kann. Der individuelle Stil kann zum Ausdruck gebracht werden. Die Form ist wenig dazu geeignet, Denkprozesse nur abzubilden, zu konservieren und zu bewerten. Zwar können Teile veröffentlicht werden, wenn die Schreibenden das selbst wollen. Beim philosophischen Tagebuch geht es aber vor allem darum, die eigenen Gedanken, das Weiterfragen zu ermöglichen und kontinuierlich durchzuführen. Das regelmäßige Führen eines Philosophischen Tagebuchs, eines Denktagebuchs, kann, als das Lernen kontinuierlich begleitende Methode angewandt, das strukturierte, bewusste Schreiben schulen. Schreibkompetenz erwirbt der Lernende nur, wenn er produktiv tätig wird. Ein regelmäßiges Schreiben eines Journals zu einer Frage oder einem Thema, zu Leseeindrücken und Leseerfahrungen etc. kann diese Kompetenzen verbessern.[20]

Philosophisches Tagebuch

Schüler und Schülerinnen aller Jahrgangsstufen können narrative Texte schreiben. Wenn man erzählt, muss man konkret werden, erzählt werden kann aus unterschiedlichen Perspektiven. Die formalen Möglichkeiten des Erzählens sind sehr vielfältig. Sie reichen von produktionsorientierten Verfahren bis zum kreativen Schreiben; alle wichtigen philosophischen Kompetenzen werden gefördert.

narrative Texte

2.4 Autobiografisches Schreiben

In der pluralistischen Welt und der Vielfalt der Lebensformen muss sich das Individuum gegen Überforderung schützen und seinem Leben immer wieder aufs Neue selbst einen Sinn geben. Strategien der Philosophie der Selbstsorge, der Lebenskunst, aber auch Strategien aus der Psychologie und Therapie können helfen, Selbst-Kompetenz und Orientierung in einer anwendungsorientierten Form zu fördern. Theorien des dynamischen und narrativ verfassten Charakters der Identität eröffnen auch problem- und achtsamkeitsorientierte Ansätze des Schreibens für den Philosophieunterricht. Der Umgang mit der eigenen Biografie, mit dem Erzählen und Reflektieren eigener Erfahrungen, ist eine Form der Selbstkompetenz. Auch die Komplexität ethischer Problemfälle und ihrer Bewertung macht es notwendig, mit narrativen Herangehensweisen zu arbeiten, die Informationen und Perspektiven nicht so stark reduzieren wie z.B. Dilemma-Diskussionen.[21] Die reflexive und progressive Sichtweise auf die Episoden der je eigenen Lebensgeschichte mittels Narrationen ist Voraussetzung für die bewusste Gestaltung des eigenen Lebens.[22]

Selbstkompetenz

Die autobiografische Narrationskompetenz kann im Philosophieunterricht gefördert werden. Die Narration als Handlungs- und Lebensperspektive splittet Volker Haase in verschiedene Dimensionen, aus denen sich verschiedene Funktionen autobiografischer Narrationen für den Unterricht ergeben: die sinnstiftende Funktion, die reorganisierende Funktion, die emotionale, die ethische, die identifizierende Funktion, die orientierende und die soziale Funktion. Für alle werden Methodenbeispiele vorgeschlagen.[23]

autobiografische Narrationskompetenz

Im Zentrum steht, Erlebnisse aus der Vergangenheit zu erzählen, sie in neue Zusammenhänge zu bringen und sie neu zu bewerten. Im autobiografischen Schreiben kann man Erlebnisse und eigenes Verhalten zum Beispiel externalisieren, indem man eine Fantasiefigur schafft. Man kann sie aber auch neu erzählen oder man kann ein Achtsamkeitstagebuch schreiben.

autobiografisches Schreiben

Den Stoff des Lebens zu sichten, funktioniert über verschiedene Bausteine des autobiografischen Schreibens. Man kann über Leseerfahrungen, über Schlüsselerlebnisse oder über Orte, die einem wichtig waren oder noch sind schreiben. Man kann kleine Texte schreiben anhand eines Fotos aus der Vergangenheit, einer Lektion in der Schule, über geflügelte Worte, die man schätzt, über wichtige Gerüche, über Erfahrungen des Fremd-

Fühlens, über ein Möbelstück, das Geborgenheit ausdrückt, oder über ein Musikstück, das an eine wichtige Situation erinnert oder ein wichtiges Gefühl auslöst. Als größere Form kann man eine Landkarte der eigenen Welt erstellen oder das eigene Leben als Kunstausstellung gestalten.[24]

3. Ganz Ohr

Hören

Das Hören ist eine Form des Philosophierens, die in der Philosophiedidaktik bisher wenig Berücksichtigung erfahren hat. Dabei ist die Arbeit mit Hörbüchern oder Songs sehr instruktiv.

3.1 Philosophieren mit Hörtexten

Hörtexte

Hörtexte sind Texte, die vor allem für das Zuhören gemacht sind. Im Bereich der Philosophie gibt es eine erstaunliche Vielfalt: zum Beispiel Lesungen philosophischer Klassiker, Vorlesungen, Radiovorträge, Interviews sowie Radiodebatten zeitgenössischer Philosophen oder inszenierte Lesungen, die die Textversion durch die Art des Lesens und Inszenierens verändern. Fast alle literarischen Texte, die für den Philosophieunterricht interessant sind, gibt es auch als Hörtexte. Obwohl sie zu philosophischen Fragen und Deutungsangeboten einen anderen Zugang über eine andere Sinneswahrnehmung ermöglichen, spielen sie in der fachdidaktischen Debatte und im Unterricht kaum eine Rolle.[25] Sie können aber durchaus die Förderung verschiedener Kompetenzen unterstützen, vor allem die Förderung der Wahrnehmungs-, Deutungs- und Darstellungskompetenz.

Rezeption

Verschiedene Zugänge sind möglich: die Rezeption von Hörtexten, die Transformation vorliegender und die Produktion eigener Hörtexte. Bei der Rezeption von Hörtexten, beim Hören, kann man den vorgetragenen Gedanken durch die gesteuerte Rezeption des Sprechers besser erfassen, als wenn der Text gedruckt und stumm vor einem liegt. Der Sprecher benutzt Mittel wie die Artikulation, Intonation, Sprechrhythmus etc. um das Gesprochene zu verdeutlichen. Bestimmte Atmosphären von Texten können beim Vortragen, beim Sprechen, besser zum Ausdruck gebracht und den Hörenden vermittelt werden. Bei Vorlesungen kommen noch weitere Mittel zum Tragen wie das

Prinzip der Redundanz oder Diskursmarker der Hörersteuerung. Lernende, die mit Gliederungsstrukturen in gedruckten Texten Schwierigkeiten haben, bekommen durch den Hörtext unterstützende Impulse, die die Verstehensleistung verbessern können.

Transformation

Bei der Transformation von Hörtexten durch Schülerinnen und Schüler geht es um die kreative und produktionsorientierte Verarbeitung. So kann man zu einem Text eine musikalische Untermalung schaffen, man kann kommentierende Beiträge einschieben, Techniken der Verfremdung oder des Remix nutzen und akustische Einsprengsel einbauen. Textverständnis, Sprachkompetenz wie auch die Darstellungs- und Urteilskompetenz werden gefördert.

Produktion

Bei der Produktion von Hörtexten geht es darum, aus einem vorliegenden Text selbst einen eigenen Hörtext zu machen. Die Lernenden können aus einem gedruckten Text mit den Mitteln der Sprache in bewusster Gestaltung einen Hörtext produzieren und sogar senden. Die verschiedenen Formen wie eine Vorlesung, ein Interview, eine Expertendebatte etc. können gewählt werden.[26]

3.2 Philosophieren mit Songs

Musik ist für Jugendliche ein ständiger Begleiter. Sie spielt eine wichtige Rolle in allen Altersgruppen, sozialen Gruppen, Schulformen, nationalen und kulturellen Herkünften. Musik hilft dabei, aus dem Alltagstrott auszubrechen, Stress und Druck abzubauen. Die eigene Playlist mit der gespeicherten Musik ist so etwas wie eine Visitenkarte, drückt Haltungen und Wertvorstellungen aus und auch die Abgrenzung zu anderen Welten, wie jeder der Erwachsenen oder der Kindheit. Musik zu hören hilft abzuschalten, zu träumen, Gefühle zu verstärken, Emotionen auszudrücken. Die sprachliche Ebene, die Texte, die musikalische Ebene und ihr Zusammenspiel sind wichtig Faktoren für die Bewertung von Musik. Die Themen der Songs, aber auch die Musik selbst können Jugendlichen Anlass zum Nachdenken bieten. Oft geht es um existenzielle Fragen, wie den Tod, die Liebe, das Freisein, das Loslassen, die Abgrenzung von Eltern, den Ausbruch aus verhärteten Verhältnissen. Deshalb können Jugendliche sich oft gut mit Songs, ihren Interpreten und deren Art der Performance identifizieren.

Umgang mit Songs

Sollte man dieses Medium, gerade weil es so sehr in die Privatsphäre der Jugendlichen gehört, in der Schule zum Gegenstand der Auseinandersetzung machen? Auf keinen Fall sollten Songs nur als Themenlieferant und Motivationsmedium zum Einstieg in eine Fragestellung genutzt werden. Das stellt eine doppelte Instrumentalisierung dar: Das Medium wird als künstlerische Form übergangen; und den Jugendlichen wird ihr Medium entrissen und funktionalisiert. Auch sollte man bei diesem Medium, das emotionale Zugänge ermöglicht, nicht nur die Möglichkeit der suggestiven Beeinflussung bewusst machen und kritisch reflektieren.[27] Wenn man mit Songs arbeitet, sollte auch die Kunstform selbst und der lebensweltliche Zugang der Jugendlichen berücksichtigt werden. Didaktische Prinzipien sind:

Berücksichtigung der Kunstform

1) Die Beachtung der Wahrnehmungsebenen von Musik, die durch drei Kategorien bestimmt wird: der zerstreuten Rezeption, der motorisch-reflektorischen und der assoziativ-emotionalen Rezeption.
2) Die Hinführung zu bewusstem Hören, die wiederum durch drei Kategorien bestimmt wird: die empathische, die strukturelle und die subjektorientierte Reflexion.
3) Eine phänomenologisch genaue Hör- und Betrachtungsweise stellt sicher, dass das Hörererlebnis genau wahrgenommen, den anderen beschrieben und anschaulich gemacht werden kann.
4) Ein weiteres Prinzip, die Anbindung an den philosophischen Diskurs, erweitert den Raum der Arbeit mit Songs.

Die ersten drei Prinzipien gewährleisten bereits, dass ein philosophierender Umgang mit Songs realisiert wird.[28]

Für alle Fragestellungen des Philosophieunterrichts lassen sich passende Songs finden. Häufig sind die Liedtexte philosophisch sehr gehaltvoll oder vermitteln sogar explizit eine philosophische Botschaft. Oder sie setzen sich ironisch mit philosophischen Botschaften auseinander wie der Song von Eichhorn und Pigor über Heidegger.[29] Der Austausch über Songs bietet viele Möglichkeiten, über Fragen der Identität, der Deutung von Welt, des Anders-Seins, der Erfahrung von Vertrautheit und Fremdheit, Glück, Liebe, Freundschaft, den Umgang mit der Natur, mit Tieren, den Tod etc. zu sprechen. Durch das genaue Zuhören und dann beim Sprechen über den jeweiligen Song kann das wechselseitige Verstehen und die Achtsamkeit, Respekt vor der Musik und den Fragen der anderen gefördert werden. Lieder, Songs, Musikstücke können mit den erprobten, insbesondere mit produktionsorientierten, Verfahren des Philosophierens verarbeitet werden. Viele praxisorientierte Beispiele kann man mit philosophischen Textauszügen und kreativen Formen des Umgangs kombinieren.[30]

produktionsorientierte Verfahren

Weiterführende Literatur:

H. Engels: „Nehmen wir an ..." Das Gedankenexperiment in didaktischer Absicht. Weinheim, Basel 2004.

V. Haase: Autobiografische Narrationskompetenz. In: J. Rohbeck (Hg.): Didaktische Konzeptionen. Dresden 2012. S. 85-104.

M.-L. Raters: Das moralische Dilemma im Ethik-Unterricht. Moralphilosophische Überlegungen zur Dilemma-Methode nach Lawrence Kohlberg. Dresden 2011.

J. Rohbeck: Rhetorik und Philosophiedidaktik. In: ders.: Didaktik der Philosophie und Ethik. Dresden 2008. S. 213-227.

H. Tetens: Philosophisches Argumentieren. Eine Einführung. München 2006. 2. Aufl.

VII. Schauen und Spielen im Philosophie- und Ethikunterricht

1. Bilder im Philosophieunterricht

Mit den fundierten Begründungen von Nordhofen, Gefert, Maeger, Scholz und den praxisnahen Ansätzen der Bilddidaktik ist es sehr gut möglich, einzelne Typen von Bildern spezifisch zu analysieren und im Unterricht in jeder Phase sinnvoll einzusetzen. Allerdings ist nicht jedes Bild geeignet; Bilder mit ausschließlich illustrativem Charakter sind nicht gewinnbringend. Kriterium sollte sein, dass das Bild etwas ausdrückt, was für die Selbst- und Weltreflexion der Lernenden förderlich ist. Dabei ist es möglich, Themen und Fragen aufzuschließen, ästhetische Erfahrungen zu ermöglichen und zu reflektieren.

1.1 Bilder der bildenden Kunst als Medien

Bilder der bildenden Kunst

Bilder der bildenden Kunst sind grundsätzlich sehr geeignet, um im Philosophieunterricht eingesetzt zu werden. Das Verstehen von Bildern, der unterschiedlichen Typen, kann gelingen oder misslingen. Beim Herausfinden der angemessenen Bedeutung helfen Stufen des Verstehens und damit verbundene kognitive Leistungen, die Scholz zur Bildkompetenz vorgelegt hat und die im Philosophieunterricht sinnvoll einsetzbar sind, weiter.

Im Ansatz von **Stefan Maeger** steht der Begriff des Bildes als Sichtweise im Zentrum. Bilder sind für Schüler und Schülerinnen Deutungsangebote für ihre Selbst- und ihre Wirklichkeitserfahrung. Sie sind anschauliche Inszenierungen, erzeugen Präsenz, die die Auslotung von Nähe und Distanz in jedem Einzelfall fordert. Die Aspekte des Bildsehens und Verstehens, die spezifische Offenheit des Mediums Bild und die ausgreifende Mehrdeutigkeit aufgrund der visuellen Metaphorik bieten in der Anschaulichkeit verankerten, disziplinierten **spekulativen Spielraum**, der vor allem im gemeinsamen Bildverstehen zum Verstehen, aber auch in die **Grenzen der Sprachlichkeit** und Differenzierungsfähigkeit führen kann. Dieser Spielraum sollte genutzt werden. Bilder sind Inszenierungen von Sichtweisen, sowohl die Darstellung als auch das Sehen, das Bild-Lesen sind zentral. Die Betrachtenden lernen, eine Perspektive einnehmen und zu wechseln.

Für den Unterricht heißt das, dass Bilder als Reflexionsanlässe zu verstehen sind und ihr Verstehen methodisch bewusst zu organisieren ist. Maeger rekonstruiert neun Dimensionen des kompetenten Bildsehen,[1] die er an zwei Unterrichtsmodellen deutlich macht.[2] Das Bild ist ein Deutungsmedium im gesamten Unterrichtsprozess. Es gibt aber keine generelle Rezeptur, wie man Bilder liest, dies muss immer wieder neu je nach Unterrichtssituation konzipiert werden. Das methodische Vorgehen kann sich anschließen an verschiedene didaktische Konzepte.[3]

1.2 Das fotografische Bild

1.2.1 Ein Foto: die Eröffnung von Sichtweisen und Erfahrungsräumen

Fotografien

Der Umgang mit Fotografien im Philosophieunterricht lässt sich an die Zeichentheorie von Peirce, aber auch an die Theorie der Fotografie von Barthes oder Berger und Mohr anbinden. Aus dieser Sicht kann man Fotografien als Ausdruck eines Ausschnitts der Wirklichkeit sehen. Ein Ereignis wird im Foto stumm präsentiert. Die Fotografie kann mit fremdem Blick angeschaut werden, sie ist ein Zeuge von etwas, eine Spur, die auf etwas Abwesendes oder ehemals Anwesendes verweist. Zwar wählt der Fotograf einen Ausschnitt, ein Sujet, eine Perspektive, die Belichtungsdauer (damit ist das Foto auch kulturell codiert). Im Moment des Belichtens aber, durch Drücken des Auslösers wird wirkliche Welt eingeschrieben auf die lichtempfindliche Fläche.[4] Das Foto ist eine Zeigegeste und ein Sehen von etwas; ein einzelner Moment aus der Wirklichkeit wird repräsentiert in dieser Situation.

Der Kontext, in dem und für den die Fotos gemacht werden, ist sehr wichtig. Der Verwendungskontext z.B. Dokumentarfoto, Werbefoto, Schnappschuss, Foto zu einem Nachrichtenbericht, simulierte Fotografie, fotografische Kunst entscheidet über den Gehalt, die Intention. Ihre Echtheit und Authentizität kann reflektiert werden; vor allem auch bei Dokumentarfotografien ist es wichtig, die Möglichkeiten und Effekte der Nachbearbeitung, die Inszenierung zu reflektieren.

Aus der Sicht von **John Berger** und **Roland Barthes** können **Fotos als vieldeutige Medien** aufgefasst werden, die enträtselt werden müssen. Sehen, so die Auffassung von John Berger, ist eine komplexe Art der Wahrnehmung, die immer auch Auswählen heißt. Beim Sehen nehmen Menschen nicht nur Beziehungen zwischen den Dingen und sich wahr, sondern sie verbinden auch das Sehen von Erscheinungen mit der Erinnerung an andere visuelle Eindrücke, an bewahrte Vergangenheit. Sehen, visuelle Wahrnehmung ist von Sinnerwartungen geprägt; im Bewusstsein organisierte Erfahrungen initiieren ein Suchen, durch das ein Erkennen komplexer Erscheinungen erst möglich wird.[5]

Dementsprechend sind Fotos, vor allem Momentaufnahmen, als Sichtweisen von Fotografen spezifische Ansichten aus einer großen Zahl möglicher Ansichten. Ein Foto zeichnet einen Moment, ein Ereignis in einem bestimmten Augenblick auf, das nicht in die Gegenwart geführt, dort aber betrachtet werden kann. Fotos zitieren, so Berger, aus Erscheinungen. Ihre Vieldeutigkeit ergibt sich aus der Diskontinuität zwischen dem festgehaltenen Augenblick und dem Augenblick des Anschauens. Das fotografierte Ereignis, die Erscheinung, ist präsent, auch wenn die Geschichte, die ausgedrückte Erfahrung, vergangen oder wenig aussagekräftig ist. Das Foto entspringt der Wahl des Fotografen, der ein Ereignis festhält, das aus seiner subjektiven Erfahrung Bedeutung hat. Er bannt diese Erfahrung, diesen einen zeitlichen Augenblick im Foto und hält ihn damit an; er zitiert in diesem Sinn aus einer Vielfalt von Erscheinungen. Die Sicht (die Erfahrung) des Fotografen zeigt sich unter anderem in der Auswahl seines Motivs und Bildausschnitts oder der Perspektive. Das Foto initiiert damit verschiedene Optionen etwas zu sehen, je nachdem, wie Motiv, Bildausschnitt oder die Perspektive gewählt sind.

Zitat aus Erscheinungen

Die Sichtweise des Betrachters eines Fotos hängt entsprechend zum einen also davon ab, welche Ideen das Foto (von der Wahl des Fotografen her) möglich macht; zum anderen wird sein Verständnis davon beeinflusst, welche Sinnerwartungen der Betrachter selbst an das Foto heranträgt. Der Betrachter kennt den festgehaltenen Moment, den Zusammenhang oder die Geschichte um ihn herum nicht und muss den fotografierten Augenblick, um einen Sinn in dem Foto zu sehen, selbst mit Vergangenheit und Zukunft aufladen. Bei dem Prozess dieser Wahrnehmung und des Enträtselns des Fotos bringt er wiederum seine Sinnerwartungen ein, ähnlich wie beim Lesen von Texten, das auch von Sinnerwartungen und Vorverständnissen bestimmt ist. Entsprechend kann man das Sehen der Fotografie (wie das Lesen) als Akt der Annäherung an eigene Erfahrungen und Sichtweisen begreifen. Fotos werden ausdrucksvoll und spannend nicht durch das, was sie zeigen, sondern durch das, was sie zulassen, durch ihre Vieldeutigkeit.[6] Zwar können fotografische Bilder, gerade wenn sie die gesamte Lebenswelt umgeben, manipuliert und als „globales System der Fehlinformation" eingesetzt werden. Das Spezifische von Fotografien ist aber, dass sie Augenblicke festhalten und Sichtweisen ausdrücken können, dass sie vieldeutig sind und beim Betrachter das Erkennen eigener Ansichten zu eröffnen vermögen.[7]

Enträtseln

Ausdruck von Sichtweisen

1.2.2 Zum Umgang mit Fotografien im Philosophieunterricht

Fotos bieten dem Betrachter sehr viele Zugangsmöglichkeiten, auch im Philosophie- und Ethikunterricht.[8] Aufgrund der leichten Zugänglichkeit mit digitalen Kameras und Handy-Kameras ist die Arbeit mit Fotografien leicht umzusetzen und gut zu verknüpfen in der produktions- und handlungsorientierten Auseinandersetzung mit dem eigenen Philosophieren.[9] Fotografien ermöglichen eine spezifische Weise zu philosophieren: Sie fördern differenziertes Hinsehen und schulen die Wahrnehmung, regen zu Fragen und Erfahrungen an, die Grundlage der philosophischen Reflexion werden können. Gegenstand einer solchen philosophischen Reflexion ist zum Beispiel die grundlegende Frage, wie die Wahrnehmung von eigenen Kenntnissen, von der eigenen Kultur und Sprache oder von eigenen Weltanschauungen und Werten abhängt. Die Funktion von Fotos in verschiedenen Kontexten wie der Kunst, der Wissenschaft oder Werbung kann thematisiert werden. In Fotos zum Ausdruck kommende philosophische Fragen selbst wie die nach der Freundschaft, nach ethischen Problemen neuer Techniken, der Schönheit der Natur können Gegenstand der Reflexion werden. Dabei können verschiedene Bildungsziele verfolgt werden. Ein wichtiges Lernziel

Reflexion

ist der kritische Umgang mit Bildinformationen durch das reflexive Studium von Fotografien.

Das ist jedoch nicht das einzige Ziel: Ein weiteres Ziel des Philosophierens mit Fotografien ist die Eröffnung von Sichtweisen und Erfahrungsräumen. In der Verbindung mit dem freien Schreiben bietet das Betrachten von Fotografien viele Möglichkeiten, das eigene Sehen, das Erleben eigener Erfahrungen anderen erlebbar zu machen und reflektieren zu können. Der schreibende Umgang mit Fotografien kann didaktisch fruchtbar gemacht werden. Besonders dann, wenn der Betrachter etwas sieht, das ihm besonders auffällt oder ihn besticht, kann ein Foto, vor allem die vieldeutige Momentaufnahme, so John Berger, Gedanken in Gang setzen, das Spiel initiieren, Aussagen zu erfinden. Immer dann „klingelt" es beim Betrachten eines Fotos, wenn den Betrachter ein Element trifft, das seine Aufmerksamkeit auf sich zieht, oder wenn er affektiv getroffen wird, weil er etwas erkennt oder entdeckt. Die Fotografie drückt etwas aus, setzt beim Betrachter Gedanken in Gang; will er weiter darüber nachdenken, muss er die visuellen Wahrnehmungen in Sprache übertragen. Nur so kann er erklären, wie er *sieht,* und verstehen, wie andere *sehen*.

Eröffnung von Erfahrungsräumen

Durch das Schreiben im Anschluss an die Betrachtung können die Sichtweisen und Erfahrungen zum Ausdruck gebracht und bewusst gemacht werden. **John Berger** sieht sowohl das **Sehen als auch das Schreiben als Akte der Annäherung an eigene Erfahrungen**: Um das Foto lesen, enträtseln zu können, wird der festgehaltene Augenblick mit einer Geschichte ausgestattet, die mit subjektivem Vorverständnis aufgeladen wird. Wenn ich diese Geschichte nicht nur mündlich, sondern schriftlich erzähle, kann ich unbeeinflusst von Äußerungen anderer dem was ich sehe, näher kommen und nur so können die hineinerzählten Sichtweisen und Erfahrungen Grundlage weiterer Auseinandersetzung werden.

Teilt man diese Auffassung, kann das Schreiben im Anschluss an das Betrachten einer Fotografie zu einer Tätigkeit des Philosophierens werden, die sich zum Ziel setzt, Kompetenzen der Wahrnehmung und den Umgang mit verschiedenen Sichtweisen der Wirklichkeit zu schulen sowie die Reflexion über die Selbst- und Wirklichkeitswahrnehmung zu fördern. Denkversuche, verändernde Erprobungen eigener Denkmuster können durch das Enträtseln von Fotografien und das Aufschreiben eigener Eindrücke initiiert werden.[10]

1.3 Comics

Comics sind beliebte Medien bei Kindern und Jugendlichen. Im Unterricht müssen die Bildgeschichten an die Lebenswelt der Kinder und Jugendlichen anknüpfen. Sie müssen für jede konkrete Unterrichtssituation transformiert werden. Sowohl inhaltlich als auch methodisch sind sie sehr gut mit dem Philosophieren zu verbinden, denn sie bieten denkprovozierende Inhalte und intellektuellen wie emotionalen Lesegenuss genauso wie sie komplexe Lesefähigkeiten erfordern. Comics eröffnen viel Spaß und Motivation; sie sind anspruchsvolle Medien und fördern die aktive Rezeption, das Mit- und Weiterdenken und die Fantasie. Die kritische Kompetenz im Umgang mit Bildgeschichten lässt sich aber nur in längeren Prozessen vom elementaren Sehen bis zum komplexen Bildlesen fördern.[11]

Comic
„Comic“ bedeutet ursprünglich komisch, komödiantisch; Comics sollen Anlass zum Lachen sein. Charakteristisch für den Comic ist das Prinzip der Bildgeschichte: Sie ist eine Geschichte in Bildern, die einen Vermittlungsträger, zum Beispiel die Printmedien oder ein Buch nutzt. Zentrale Elemente sind die Farbe, die Schrift und die grafischen Zeichen und Symbole. Die dargestellten Geschichten werden als kleines Welt-Modell der eigenen Erfahrungswelt gegenüber gestellt. In vielen Comics dominiert ikonisches Zeichenmaterial; im Einzelbild sind die sichtbaren Elemente der Erzählfunktion zuzuordnen, das Narrative ergibt sich aus der Zuordnung der Elemente zueinander, das durch grafischen Bezug, Blickkontakt oder Gesten nachzuvollziehen ist. Träger der Geschehnisse sind Akteure, ihre Körpersprache ist beredt, die Gestik und Mimik sind situationsbezogen. Die Einzelbilder folgen eng aufeinander, der Handlungsprozess ist meistens gut nachvollziehbar aufgrund eigener Erfahrungen und aus der inneren Logik der Geschichte. Die Bildgeschichte schildert vielschichtig, kompakt und differenziert.[12]

Papierschauspieler

Die Akteure der Bildgeschichte sind Papierschauspieler; im Zentrum sind Menschen, Tiere, Phantasiefiguren, Gegenstände etc., die häufig bekannte Typen darstellen und eine Rolle spielen. Sie sind gezeichnete Figuren, und der Zeichenstil hat Bedeutung für die Erzählung; beide stehen in enger Wechselbeziehung zueinander. Bewegung kann dargestellt werden, obwohl sich tatsächlich in den Bildern nichts bewegt. Dies gelingt durch verstärkende Bewegungslinien, durch Lautmalerei und die Anordnung. Die Geschichte basiert auf einer narrativen Bildfolge, die den Erzählstoff in der Regel in chronologischen Schritten, dargestellt in Einzelbildern, erzählt, die der Rezipient miteinander verbinden muss. Auch im Einzelbild, das in einer prägnanten Szene ein Geschehen anspricht, wird die kombinierende Konstruktion eines Prozesses möglich.

narrative Bildfolge

Der Comic verbindet, ähnlich wie der Film, diskursive und präsentative Formen. Die Einzelbilder müssen gesehen und verknüpft werden, erst die Verknüpfung ermöglicht das Verstehen des Prozesses. Der Betrachter braucht für die Rezeption Zeit, ganz autonom, wie beim Lesen von Texten, je nachdem wie schnell und wie vertraut er im Umgang mit Comics ist. Er entziffert die Einzelbilder, muss aber von Bild zu Bild sukzessive weiterlesen. Deshalb kann man bei der Rezeption eher von Bild-Lesen als von Bild-Betrachten sprechen.

Bild-Lesen

Beim Umgang mit der Bildfolge sollten neben der verbalen Analyse die ästhetischen Aspekte berücksichtigt werden. Die Dramaturgie, die charakterisiert wird durch die Erzählmetho-

ästhetische Analyse

Abb. 14: Heideggers Bekenntnis zur Provinz im Comic von Ansgar Lorenz und Reiner Ruffing

den, den Erzähler, und die Erzählweisen, lässt sich handlungs- und produktionsorientiert verarbeiten. Der Plot kann in eine Erzähllinie umgeformt werden, Ende, Mitte oder Anfang der Geschichte können weggelassen und durch die Lernenden ergänzt werden, Teile der Geschichte können verfremdet und müssen rückübersetzt werden. Es können auch eigene Bildgeschichten hergestellt werden im Prozess der Entwicklung einer Idee, der Herstellung eines Szenarios, des Schreibens eines Drehbuchs, der Verfertigung von Zeichnungen in Entwurfszügen, der Herstellung der Reinzeichnung und des Kolorierens.[13] Handlungs- und produktionsorientierte Verfahren wie das Puzzlen von Einzelbildern, das Schreiben von Sprechblasen zu Bildern oder das Zeichnen von Bildern zu Sprechblasen, eine szenische Darstellung, ein großformatiges Raumbild, das Fotografieren der szenisch umgesetzten Bilder und weitere Collage-Techniken sind geeignet, die narrative Funktion des Einzelbildes auszutesten, zu prüfen, wie sich die Bilder zu einer Folge zusammenschließen und einen Prozess wiedergeben. Das Geschehen der Geschichte sowie die ästhetischen Erfahrungen können angeschlossen werden an Selbst- und Weltdeutungen der Lernenden.[14]

In der Philosophie wächst das Angebot an Einführungen in Theorien oder das Denken von Autoren mittels Comics. Es gibt eine Philosophiegeschichte als Comic sowie verschiedene Einführungen in das Denken von Philosophen wie z.B. zu Heidegger, Foucault und anderen.[15] In einzelnen Schulbüchern oder Fachzeitschriften sind Comics eingebunden.[16] In der Philosophiedidaktik ist der Einsatz von Comics aber bisher kaum ein Thema. Die einzige Ausnahme ist ein Ansatz zum Philosophieren mit der amerikanischen Zeichentrickvorabendserie „The

The Simpsons

Simpsons".[17] Dabei hilft die Anschaulichkeit von Comics, Bildergeschichten und Karikaturen, in schwierige Theorien einzusteigen, Abstraktes konkreter auszudrücken, Emotionen und Spielfreude zu erzeugen und die Phantasie anzuregen.

1.4 Zum Einsatz von Filmen

1.4.1 Grundlagen

Der Film spielte über viele Jahre in der philosophischen Betrachtung keine große Rolle. Filme galten als reines Vergnügen, das vor allem unterhält und zerstreut. In der Fachdidaktik waren die

Bedenken groß: Der Film sei nur Beschäftigungstherapie, trivialisiere den Fachunterricht, habe zwar das Image, attraktiv Inhalte zur visualisieren, aber mehr auch nicht.[18] Inzwischen aber wird der Einsatz im Philosophieunterricht, mit verschiedenen Begründungen, weitestgehend unterstützt und als bereichernd bewertet, weil der Film als Form der Kunst, als bereichernde präsentative symbolische Form, als Partner einer Diskussion mit einem philosophischen Dialogangebot[19] oder im Geiste einer Philosophie als Kritik, im Sinne der Förderung von Mündigkeit und damit auch der kritischen Kompetenz im Umgang mit Filmen zum Medium des Unterrichts werden kann. In Anlehnung an den Begriff des Staunens von Aristoteles, Platons Höhlengleichnis (die Höhle als „erstes Lichtspieltheater"), Luhmanns Theorie der Massenmedien und vor allem auch Kracauers Theorie des Films begründet Kensmann als einer der ersten Didaktiker den Einsatz von Filmen im Philosophieunterricht der Oberstufe im Interesse einer kritischen Reflexion von Wirklichkeit im Film und lebensweltlicher Wirklichkeit. Kensmann zeigt ebenfalls als einer der ersten Didaktiker auf, wie eine philosophische Filmanalyse ablaufen, wie man einen Film entziffern kann.[20]

Form der Kunst

kritische Reflexion

Der Einsatz von Filmen ist im Anschluss an diese Anfänge inzwischen vielfach grundsätzlich sowie praxisorientiert didaktisch reflektiert worden. Für die Arbeit mit Spielfilmen ist für Kensmann die Unterscheidung zwischen dem Plot des Films und der philosophischen Story eines Films wichtig. Bezieht sich die Beschreibung des Plots vor allem auf die Filmhandlung, wird bei der Analyse der Story das Spezifische des Films analysiert. Verschiedene Schritte wie die Enträtselung des Films, die philosophische Interpretation, die Philosophie des Films, das Modell der Filmkommunikation und seine Hermeneutik stehen im Mittelpunkt.[21] Zum sinnvollen Umgang mit Spielfilmen, zur Arbeit an Perzepten, wurden viele Konzepte vorgeschlagen. Es liegen eine Fülle von Beispielen, verschiedene Listen geeigneter Filme sowie Ideen in Schulbüchern vor. Für das Philosophieren mit Filmen bieten sich viele Themen und Fragestellungen an. Filme oder Filmausschnitte machen theoretische Problemstellungen anschaulich; der Film wird als Medium genutzt für die Gewinnung und Verarbeitung von Problemstellungen. Methodische Anregungen, Verknüpfung mit relevanten philosophischen Texten sowie Arbeitsanregungen dazu liegen vor. Auch wird in der Forschung die Frage reflektiert, ob der ganze Film oder besser einzelne Sequenzen Gegenstand des Unterrichts sind.[22]

Spielfilme

Kensmann legt auch einen Vorschlag zur Analyse von Westernfilmen in der Oberstufe vor. Formen und Arten des Denkens

Westernfilme

mittels bewegter Bilder können zur Sprache kommen. Man kann den Mythos des Western mit dem Denken der Aufklärung vergleichen; auch der Begriff des Mythos selbst lässt sich thematisieren. Im Rahmen der Ästhetik kann man den klassischen Western als filmischen Mythos analysieren und dessen Kritik, Destruktion und Dekonstruktion durch Spielarten des nachklassischen Western erarbeiten und mittels politischer Philosophie vertiefen. Ansätze von John Locke oder Thomas Hobbes lassen sich verarbeiten. Ein ausführliches Unterrichtsprojekt am Beispiel des Films *High Noon*, durch die Brille Lockes gesehen, wird vorgeschlagen.[23]

Auch Maeger begründet den Umgang mit Filmen auf Basis seiner Bilddidaktik. Das Spezifische des Films ist aus seiner Sicht das immersive Bildverstehen, das das imaginative Engagement einer empathischen Teilhabe und die fiktionale Identifikation betont, sowie das bildliche Off (vgl. das folgende Kapitel 1.4.2).[24]

1.4.2 Filmische Immersion und filmisches „Off"

Komplexere Mittel wie die Bewegungsillusion und die akustische Synchronisation führen zu vielschichtig differenzierten narrativen Gestaltungsmöglichkeiten. Im Kino gibt es durch die Verdunklung kein Außerhalb des Bildes, das Geschehen wird verlängert in den wirklichen Raum. Das Schauen des Kinofilms führt zu mehr als zum Sehen, nämlich zum Erleben, Anteil nehmen am Geschehen, ein imaginatives Engagement des Betrachters wird ausgelöst. In Anlehnung an Edmund Husserl und Jean Paul Sartre charakterisiert Maeger das Sehen von Filmen als immersiv-somatische sowie distanziert optische Rezeptionshaltung. Beide Sehweisen sind miteinander verknüpft. In der immersiv-somatischen Haltung ist das Schauen ganzheitlich, leiblich, immersiv, somatisch verankert, unter Beteiligung von Affekten, des Körpergedächtnisses, des Raumempfindens, der Erinnerung. Die distanziert optische Rezeptionshaltung ist entkörperlicht, vor allem vom Auge geprägt, beherrschend, distanziert, mit Überblick und Selbstkontrolle. Der Zugang zum Filmsehen ist zunächst immersiv-somatisch. Es wird ein imaginativer Bildraum konstruiert, in dem aber der Betrachter sich seiner Umwelt durchaus bewusst ist. Empathische Identifikation wird möglich.

immersives Bildverstehen

distanziertes Bildverstehen

Beim Filmsehen sind Fähigkeiten der Entschlüsselung und Rekonstruktion der narrativen Strukturen notwendig. Narrative und bildliche Strukturen müssen verknüpft werden; die Auseinandersetzung mit filmischen Charakteren, Handlungen, Lebensformen etc. ermöglicht Probehandeln, die Reflexion eigener Prinzipien und Wertvorstellungen, die imaginäre Rollenübernahme und eine Auslotung des eigenen narrativen Selbst. Dafür muss ein Film aber in mehreren Lektüren gelesen werden. Verschiedene Zugänge sind miteinander zu verbinden. Die Verkürzung auf eine distanziert sachlich äußerlich-narrativ orientierte Analyse ist abzulehnen zugunsten mehrperspektivischer Zugänge, die das Spezifische der Filmimmersion aufgreifen. Filmische Immersion als empathische und personale Identifikation fordert erweiterte und spielerische Zugangsformen je nach Bildungsintention, Lerngruppe und Film. Die Formen der Teilhabe des Zuschauers, eine Systematisierung und Ausdifferenzierung von der ersten Stufe der fiktionalen Teilhabe, des Schauens über die ästhetische Wertschätzung bis zur Stufe der Selbstreflexion stellt Maeger vor, erläutert deren Verknüpfung und stellt zwei konkrete Beispiele vor.[25]

mehrperspektivische Zugänge

Beim filmischen Off geht es um ein Außerhalb einer durch den Projektionsrahmen auf der Leinwand begrenzten Bildfläche, die den Wahrnehmungsanlass für die Imaginationsleistung bietet. Dazu gehören die filmische Akustik, aber auch innerbildliche Elemente wie der Blick eines Protagonisten, verwehrte Szenen, Andeutungen, Auslassungen; dieses „Off" kann aber vom Betrachter imaginiert werden. Es ist nicht dargestellt, aber mitgemeint, ausgegrenzt, aber relevant, fehlt, hinterlässt aber eine Lücke oder Leerstelle. Auch diese Ebene muss in der Filmanalyse berücksichtigt werden. Das geht besonders gut durch produktionsorientierte Verfahren, oppositionelle Lesarten, subversive Lektüren und ironische Verarbeitungen.[26] Auf die Möglichkeit, den Fokus auf die Filmmusik zu legen, verweist auch Draken. Die verschiedenen Funktionen der Musik für den Film wie die Schaffung von Atmosphäre, Illustration von Bewegung, Unterstützung von Bildern, Einbau erzählerischer Bezüge, Erzeugen von Emotionen, parodieren, karikieren etc. können zum Gegenstand des Unterrichts werden. Ihre Relevanz für die Deutung des Films lohnt die Betrachtung im Unterricht.[27]

filmisches Off

Auch das Musikvideo ist eine hoch verdichtete Form, ein synästhetisches Artefakt mit geringem Umfang und vielfältigen ästhetischen Möglichkeiten. Es ist, so Sistermann, auf vielfältige Weise im Philosophieunterricht einsetzbar.[28]

2. Philosophieren und Spielen

das Spiel

Der Mensch ist ein Wesen, das spielt; das Spiel durchwirkt das gesamte menschliche Leben. Im Spielen versinkt er, oder er vollzieht ein Als-ob-Geschehen. Der Spielende wird in eine Situation versetzt, die nicht den Härten und Zwängen des alltäglichen Lebens ausgesetzt ist. Das Spiel schafft Distanz zur Lebenswelt; zugleich hat die Spielwelt aber Anteil an der Wirklichkeit, eine Basis in der Alltagswelt der Menschen und kann diese modellhafte Nachbildung greifbar und zur Grundlage des Nachdenkens machen. Die Begeisterung und Hingabe vieler Menschen für das Spielen hat sowohl die Philosophie als auch die Pädagogik seit der Antike schon dazu animiert, das Spiel unter Gesichtspunkten des Mensch-Seins, aber auch des Lernens und aus der Perspektive von Erziehung und Bildung zu betrachten. Vor allem nach Nietzsche, für den das spielende Kind viele Züge des freien und souveränen Selbst verkörpert, haben Denker im 20. Jahrhundert das Spiel reflektiert.[29]

2.1 Prinzipien, Typen und Merkmale von Spielen

vier Strukturprinzipien

Die zentrale Bedeutung des Spielens für die menschliche Existenz hat inzwischen Eingang gefunden in die Philosophiedidaktik. Vier Prinzipien strukturieren, so rekonstruiert Schmidt in Anlehnung an Roger Caillos, sowohl die Lebenswelt der Menschen als auch Spiele: Das sind a) Agon: der Wettkampf, das aktive Sich-Messen; b) Alea: im Zufall liefert sich der Spielende dem Schicksal aus, ist passiv und hofft auf einen guten Ausgang; diese beiden Prinzipien führen eine Entscheidung im Spiel herbei. Der Ausgang ist offen, anfänglich herrscht Chancengleichheit. Die nächsten beiden Prinzipien charakterisieren Spiele, die nicht auf Entscheidungen ausgerichtet sind, sondern auf die Veränderung eines Zustands. Das ist c) Mimikry: Nachahmung, Maskierung ermöglicht, dass der Spieler zu einer anderen Person wird, erfordert einen Perspektivwechsel, eine soziale Perspektive und die Horizonterweiterung. Dieser wird zur Basis weiterer Reflexion. d) Ilinx dagegen, der Rausch, intendiert, einen anderen Bewusstseinszustand zu erreichen wie beim Versunkensein ins Spiel oder die Entrücktheit. Die Spielenden machen die Erfahrung des Außer-Sich-Seins oder der unmittelbaren Erfahrung. Hier bewegt sich Spielen eher auf einer Ebene der intuitiven Bewertung.[30]

Philosophiert werden kann grundsätzlich über Spiele, in Spielen, mit Spielen oder über das *Spielen*. Verschiedene Ansätze zur Verbindung von Lebenswelt, Philosophie und Spiel sind begründet worden. Dabei lassen sich verschiedene Schwerpunkte des Spielens unterscheiden.

Schwerpunkte des Spielens

Spiele ermöglichen a) Reflexionen über anthropologische Prämissen des homo ludens, über Kontrolle und Kontrollverlust, über das interesselose Wohlgefallen sowie den Sinn von Sport und Spiel.

Mit Spielen ist es b) möglich, Rollen zu erproben, Gedankenspiele durchzuspielen, Probleme zu lösen, mit Möglichkeiten und Modellen zu experimentieren.

Das Nachdenken c) über den Zusammenhang von spielerischer Bewegung und kognitiven Lernprozessen und über Erfahrungen des Leiblichen wird eröffnet.

Spiele ermöglichen d) Reflexionen über den sozialen und moralischen Sinn von Spielen, wie z.B. die Förderung des Gerechtigkeits- und Fairness-Gedankens, der Übernahme von Verantwortung, die Frage nach ethischen Prinzipien in alltagsweltlichen Bereichen wie dem Sport, die Mehrperspektivität.

Im Spiel gelingt e) die Aneignung und Reflexion von Weltdeutungen, das Verstehen von Welt und Gegenwart, indem man durch mit Texten oder Auffassungen spielt.

Ebenso kann f) ein Spiel mit Sprache und Begriffen, mit Stilvariationen, mit Geschichten oder das Spielen in methodischer Absicht initiiert werden.

Man kann g) ein Spiel einfach spielen, den Sinn des Einübens von Regeln des Spiels erleben oder die Gestaltung des Raumes von Freiheit und Bindung im Spiel erfahren.

Nicht zuletzt sind h) Reflexionen über den Sinn des Spiels wie die Erholung und Entlastung von der Arbeit oder der Ausstieg aus der Schwere des Alltags in die Leichtigkeit des Spiels, über das Sich selbst und die Zeit vergessen im Spiel sowie das Erleben des Selbst, den Sinn des Spiels, des Spielens möglich. Spielen ermöglicht das Üben der spielerischen Selbst-Beherrschung bzw. die Kunst, sein Leben als ein gelingendes zu gestalten.[31]

Das Tätig-Sein steht im Mittelpunkt aller Spiele, beteiligt ist immer der ganze Mensch, mit Kopf und Leib. Daraus folgt ein Plädoyer für den Einsatz von Spielen aller Art in der Unterrichtspraxis und für ihre spielerisch-kreative Umsetzung. Das umfasst nicht nur Sprach-, Rollen-[32] und Planspiele[33], sondern auch Lernspiele, Rätselspiele, Diskussions- und Argumentationsspiele, Nähe-Distanz-Spiele, Kartenspiele, Bewegungsspiele sowie

ganzheitliches Tätigsein

sportliche Gruppenspiele, Gesellschaftsspiele, philosophische Spiele[34] oder Video- und Computerspiele. Die Orientierung am Spiel ermöglicht es, leicht an die Lebenswelt und Erfahrungswirklichkeit der Schüler und Schülerinnen anzuschließen, da sie als Experten des Spiels angesehen werden können. Die problemorientierte Anbindung an philosophische Fragen sowie der handlungs- und produktionsorientierte Umgang unterstützen die Entwicklung der Persönlichkeit, der Multiperspektivität und Intelligenz. In zahlreichen Schulbüchern, vor allem für die Sekundarstufe I, findet man schon viele Medien des Spiels.

Im Folgenden werden Bereiche vorgestellt, die lebensweltlich sehr relevant, fachdidaktisch aber noch nicht ausgeschöpft sind.

2.2 Video- und Computerspiele im Philosophieunterricht?

Video- und Computerspiele

Video- und Computerspiele sind in der Lebenswirklichkeit von Kindern und Jugendlichen sehr präsent. Sie sind als Medien gewinnbringend im Philosophieunterricht einzusetzen, sofern ihr Potenzial zur Förderung von Lernprozessen ausgeschöpft wird. Angestoßen durch die Game Studies wird in der Debatte der Fachdidaktik Philosophie dieses Potenzial inzwischen auch diskutiert.[35] Der Unterschied, der Videospiele von anderen Medien abgrenzt, ist, dass Videospiele den Spielern erlauben, direkt in die dargestellte Welt einzugreifen.

Interaktivität

Die Interaktivität ist notwendig, und die Spieler nehmen nicht nur eine Rezipienten-Haltung ein, „sondern werden gleichfalls zu einem konstitutiven Element in der Entstehung des konkreten medialen Inhalts bzw. Geschehens“[36]. Diese Interaktivität findet nicht nur zwischen Spieler und Hardware statt, sondern überschreitet die Grenze des Dargestellten; sie lässt den Spieler einen Teil der Spielwelt selbst sein, und der virtuelle Raum wird zu einem Feld verschiedener Handlungsmöglichkeiten. Die Interaktivität ermöglicht weitere Wirkungen – Immersion und Agency.

Immersion und Agency

Die Immersion beschreibt dabei, dass der Spielende ein Teil der Spielwelt ist, und die Agency ist die Möglichkeit, Entscheidungen im Spiel zu treffen, die Auswirkungen auf den Spielverlauf haben. Die Handlungen des Spielenden haben spürbare, nachvollziehbare und wirkmächtige Auswirkungen auf die Spielwelt. Die Regelstruktur, die in der Spielwelt gilt, wird für alle Teilnehmenden immer wieder neu wirksam.[37] Interaktivität, Immersion und Agency stehen in reziproken Verhältnissen zueinander; und diese Trias macht auch den Mehrwert von Video- und Computerspielen im Philosophieunterricht aus. Sie erweitern das Spektrum von diskursiven und präsentativen Symbolen um das Feld der „interaktiven Symbole".[38] Interaktive Symbole setzen die Prozesshaftigkeit der Symbolbildung aktiv um: Das Subjekt (der Spielende) und das Medium (das Spiel) sind in einer Tätigkeit aufeinander bezogen und entwickeln in diesem reziproken Verhältnis ihre spezifische Dynamik. Die Doppelung der Perspektive des Spielenden als Handelnder und Beobachtender ermöglicht diesen Vorgang, da die Verbindung von Subjekt und Medium während des Spielens äquivalent ist zu der Handlungsposition des Spielenden im Spiel selbst und der Beobachterposition als Person, die das Spiel spielt. Das praktisch anwendbare Wissen, das sich der Spielende aneignen muss, um das Spiel zu beherrschen, stellt dabei eine praktische, kognitive Kompetenz dar, die untrennbar mit dem Avatar verbunden ist. Interaktive Symbole bezeichnen daher zum einen den aktiven Deutungsprozess der Spielenden. Zum anderen bezeichnen sie die Kompetenz eines praktisch anwendbaren, übergeordneten Wissens innerhalb eines bestimmten Systems und fördern den strukturierten und reflexiven Umgang mit der dargestellten Wirklichkeit. Zudem ermöglichen sie den Spielenden, mit schwierigen Entscheidungssituationen im Spiel zu experimentieren, moralische Dilemmata aufzulösen und mit den Konsequenzen umzugehen. Auf diese Weise fördern Computerspiele, wenn sie im Unterricht eingesetzt werden, nicht nur die *game literacy* der Schüler und Schülerinnen, sondern durchaus praktisches moralisches Wissen im Sinne aristotelischer *phronesis*. Sie ermöglichen einen strukturierten und metareflexiven Zugang zur Wirklichkeit.

interaktive Symbole

Die Einsatzmöglichkeiten von Video- und Computerspielen erfordern sehr spezifische Rahmenbedingungen; und die Berichte über die erfolgreiche Einbettung im Unterricht sind rar gesät. Einige Unterrichtsmöglichkeiten schlägt Heinrich vor.[39] Diese interaktiven Medien lassen sich sinnvoll in den Philosophieunterricht einbringen und bieten, aufgrund der Verknüpfung mit der Lebenswirklichkeit der Schüler und Schülerinnen, ein wichtiges Potenzial, denn sie ermöglichen in der Umgestaltung der Spielwelt gleichzeitig den Transfer auf die eigene Lebenswelt, so dass die im Spiel gewonnenen Erkenntnisse die Spielwelt transzendieren und für die eigene Lebenswirklichkeit fruchtbar machen können. Insofern sind diese Spiele eine verkörperte Erfahrung. Hier findet Kontextualisierung von Leiblichkeit statt, ähnlich wie beim Theater, beim Tanz, im Film. Synäs-

verkörperte Erfahrung

thetische Erfahrungen werden ermöglicht. Der Spielende ist mit seinem Leib direkt beteiligt.[40]

2.3 Kleiderzeichen und Puppenspiel

Das Phänomen der Kleidung kann, wenn man Bekleidung auch als ein Zeichensystem versteht, Gegenstand des Philosophierens werden. Das Spiel mit Kleiderzeichen bietet viel Potenzial für die Unterrichtspraxis. Die Idee, Kleidung als Zeichensystem zu charakterisieren ist mit Arbeiten verschiedener Philosophen und inzwischen sogar einer eigenen Forschungsrichtung, den *fashion studies* innerhalb der Kulturwissenschaften verknüpft. Kleidung trägt wesentlich dazu bei, menschliche Körper mit sozialer Bedeutung zu verknüpfen, und sie birgt den Impuls, mit ihr, mit ihrem Potenzial der Selbstpräsentation auch zu spielen. Ein Spiel wird das Tragen von Kleidung deshalb, weil Akteure bei der Auswahl ihrer Kleidung Momente der Freiheit im Rahmen eines Netzes von Konventionen und Vorschriften realisieren.

Spiel mit Kleiderzeichen

Um Phänomene von Mode und Kleidung als Spiel zu betreiben, muss man auf das Modell der Rollenübernahme zurückgreifen. Jugendliche können sich mittels des Spiels mit Kleidung in andere hineinversetzen, sie nachahmen, Teile ihrer eigenen Identität sichtbar machen. Sie können sich als jemand anderes erfahren und sich ein Stück weit von außen betrachten. Das Spiel mit Kleiderzeichen ermöglicht das Erkennen vorgegebener Regeln und Verhaltensmuster und der gesellschaftlichen Selbstverortung. Ein spielerischer Bruch mit Traditionen des Sich-Kleidens eröffnet Räume der Selbsterfahrung und Selbstreflexion und die Auseinandersetzung mit kulturellen und gesellschaftlichen Phänomenen. Spannend ist es auch, mit Verkleidung, Maskierung etc. zu spielen und Wirkungen auszuprobieren, phänomenologisch genau zu erfassen und zu reflektieren. Kleider stellen einen lebensweltlich sehr relevanten Bereich präsentativer Symbolik dar, der noch gar nicht didaktisch ausgeschöpft ist.[41]

Rollenübernahme

Im Vergleich mit anderen Formen des Schauspielens, in Anlehnung an Kleists Vorstellungen vom Marionettentheater, stellt das Puppenspiel ein interessantes Medium mit großem didaktischen Potenzial dar; es bietet kommunikationstheoretische Besonderheiten und kann auf einem sehr einfachen Weg umgesetzt werden. Im Kontext der sehr verbreiteten und starken Rezeption neuer Medien, virtueller Welten mit neuen Seh-, und

Puppenspiel

Sprech- und Schreibgewohnheiten schult das Puppenspiel in Entschleunigung und Langsamkeit. Themen und Fragestellungen können sich aus allen Bereichen des Lebens und Philosophierens ergeben.

Die Stärkung der Selbst- und Sozialkompetenz als Bildungsziel lässt sich besonders mit dem Puppenspiel realisieren, da die Spielenden in einen angstfreien Dialog treten können, die Themen über Puppen zum Ausdruck bringen und im Spiel die affektive Dimension mehr in den Blick nehmen können. Im Spiel werden Als-ob-Situationen gestaltet, das Puppenspiel ermöglicht die Selbstentäußerung, Ich-Erfahrung und Problembewältigung. Nicht umsonst ist der Umgang mit Puppen eine wichtige Mediationsform, die nicht nur im Psychodrama oder auch der Psychotherapie umgesetzt wird, sondern eben auch im Unterricht genutzt werden kann. Diese Medium vermittelt Wort, Bild, Geräusch und Bewegung, verbindet also verschiedene Codes der Kommunikation. Es ist anzusiedeln zwischen Literatur, Theater, Musik und Bildern und hat eine ganz eigene narrative Struktur. Die Puppe steht im Zentrum des Geschehens, nicht der Lernende, der Spielende selbst. Er verschwindet hinter oder über den Puppen. Diese Form der Darstellung ist vermittelter als szenische Formen und bietet vielleicht deshalb eine größere Chance, sich einzubringen, sich über die Puppe, auch mittels des Körpers, auszudrücken. Nutzen kann man dafür Hand- und Fingerpuppen, Marionetten, Stab- oder Stockpuppen und das Schattenspiel.[42] Das Puppenspiel stellt eine interessante Form des verkörperten Philosophierens dar.

vermittelte Darstellung

3. Lernorte des Philosophierens

3.1 Lernen an außerschulischen Lernorten

Die Bezeichnung „außerschulische Lernorte“ kommt ursprünglich aus der Schulpädagogik. Erste Ansätze stammen aus der Epoche der Aufklärung, inzwischen ist der Begriff allerdings in der allgemeindidaktischen Literatur etabliert und die Ansätze reichen bis zu gegenwärtigen Konzepten des situierten Lernens.[43] Ziel dieser Konzepte ist die Öffnung von Schule, die Schaffung von Lebens- und Erfahrungsräumen im Lernen, für die in der traditionellen Schulorganisation kein Platz ist. Die Lebensweltorientierung und das Erleben in authentischen Erfah-

Öffnung von Schule

rungsräumen ist zentral: Welten werden nicht nur erlesen, diskursiv-kognitiv erfasst, sondern auch konkret gesehen und gefühlt, gerochen und geschmeckt, phänomenal erfahren. Lernen an außerschulischen Lernorten verbindet die Aneignung theoretischen Wissens mit Lernen in konkreten Situationen; dies macht ihr besonderes Potenzial aus.[44] Außerschulisches Lernen ist verankert in Rahmenplänen des Fächerspektrums Philosophie und Ethik. So fordert z.B. der *Berliner Rahmenplan Ethik* Erfahrungen an außerschulischen Lernorten, um den Erfahrungshorizont der Lernenden zu erweitern und dem Bedürfnis nach Orientierung und Klärung existenzieller Lebensfragen entgegenzukommen. Dafür sollen regelmäßig u.a. Exkursionen zu außerschulischen Lernorten durchgeführt werden.[45]

drei Typen von Lernorten

Eine trennscharfe, genaue Definition, was ein außerschulischer Lernort ist, gibt es nicht, man kann aber kategorial drei Typen von Lernorten unterscheiden, die für die Schulpraxis von Bedeutung sind:[46]

- Das sind zum einen Ausflüge, Exkursionen, der Besuch von Städten, aber auch von Fabriken, Gefängnissen und anderen Institutionen. Die Lernenden reisen an authentische Orte, an denen sie mit Fragestellungen, Interessen etc. Begegnungen machen, an Besichtigungen oder Gesprächen teilnehmen.
- Der zweite Typ umfasst Lernorte wie das Museum, die Gedenkstätte, Denkmäler, aber auch das Kino oder den Zoo. Das sind öffentliche Orte, die Unterhaltung oder ein Bildungsangebot einem breiten Publikum anbieten. Die Objekte, Exponate, Bilder etc. werden in einem konstruierten, strukturierten Umfeld ausgestellt. Die Lernenden gehen mit Fragen an die Exponate heran.
- Der dritte Typ sind Schülerlabore, Lernwerkstätten, aber auch bestimmte Formen von Projektarbeit oder philosophische oder ethische Fallbesprechungen an originalen Plätzen, wie zum Beispiel einer Klinik. Charakteristisch für diesen Typ ist, dass die Lernenden mit einer von ihnen aufgeworfenen Fragestellung an einer fremden Institution, an einer Klinik, einer Universität o.Ä. authentische Erfahrungen machen.

Eigenschaften

Vier Eigenschaften sind für alle Typen charakteristisch:

1. der Lernort befindet sich außerhalb der Schule;
2. im Zentrum steht eine originale Begegnung, eine unmittelbare Erfahrung mit Orten, Personen, Dingen, Themen, Situationen;
3. ein interdisziplinäres, fächerübergreifendes Herangehen ist sinnvoll;

4. nicht pädagogische, sondern fachliche, also hier philosophische Dimensionen stehen im Vordergrund.

Das problemorientierte Lernen an außerschulischen Lernorten findet im didaktischen Dreischritt statt, der die Planung, die Durchführung und die Auswertung umfasst. Die Entwicklung einer Problemstellung, die Problemverarbeitung sowie die Präsentation und Problematisierung sind zentrale Bestandteile auch dieser Art des Lernens.

Die verschiedenen Tätigkeiten des Philosophierens sind genuin mit außerschulischen Lernorten verbunden: Phänomenale Erfahrungen werden an verschiedensten Orten gemacht, vor allem in der Natur, in Städten, aber auch in Architektur, in Bildungsstätten und anderen gesellschaftlichen Institutionen; analysieren, verstehen, nachdenken, reflektieren ist in Museen, Gedenkstätten, an Denkmälern etc. entscheidend; debattieren, argumentieren, spekulieren ist möglich in öffentlichen Diskursprojekten, an Orten des politischen Handelns oder ethischen Streitens und Entscheidens. Die Liste möglicher Orte und mit ihnen verknüpfter Projekte ist unerschöpflich; sie umfasst Stadtplätze, Parks oder Gärten, Räume in der Provinz, im Gebirge oder in Höhlen, Zoos, Museen, Gefängnisse, Gerichte, Gebetsräume, Sinnesgärten, Ausstellungen aller Art, philosophische Cafés, Denkmäler und Gedenkstätten, sogar NS-Gedenkstätten wie Auschwitz.[47]

phänomenale Erfahrungen

Man kann über die Inspiration, die durch die Aura des besuchten Ortes oder durch Gegenstände entsteht, also an den Orten selbst und über sie philosophieren. Vor allem die Realbegegnung, das Lernen in authentischen Situationen, die Eröffnung von Erfahrungsräumen, das Erleben und die Reflexion von Erfahrungen, und die Möglichkeit, anschaulich zu lernen, bergen viel Potential.

3.2 Warum NS-Gedenkstätten o.Ä. besuchen?

NS-Gedenkstätten werden in der Regel unter die Kategorie „außerschulischer Lernort“ subsumiert, zu der man „Exkursionen“ planen kann. Das ist, darauf weist Kraus hin, eine verharmlosende Semantik, wenn man bedenkt, dass man sich mit Schülerinnen und Schülern zu einer Vernichtungsstätte und an einen Ort begibt, an dem unvorstellbares Grauen herrschte. Die Frage ist,

Besonderheit des Ortes

was das Besondere eines solchen Ortes ist, so dass es gerechtfertigt ist, sich mit ihm zu befassen, dorthin zu reisen, die Erfahrung des Staunens über die Möglichkeit der Entmenschlichung und des unaussprechlichen Grauens zu machen. Wenn ein philosophisch relevanter Ort ein solcher ist, der die Besucher zur Auseinandersetzung mit radikalen, kritischen und existentiellen Fragen nötigt, dann wird man zugestehen müssen, dass die Gedenkstätte ein genuin philosophischer Ort ist, der genau das tut. Zwar wird die Debatte um den Besuch solcher Gedenkstätten sehr kontrovers geführt, aber wichtige Argumente von Kraus zeigen auf, warum der Besuch solcher Gedenkstätten wichtig ist. Zunächst wird an ihnen erfahren, dass der genozidale Ort real historisch existiert hat. Sehr lehrreich ist es, an diesen Orten phänomenale Erfahrungen des Erschreckens zu machen, und die wahrgenommene Faktizität dieser Andersartigkeit und Neuheit in sein eigenes, bisheriges Weltbild zu integrieren. Zwar könnte man die Informationen auch erlesen, aber, so sagt Kraus zu Recht, der Besuch des Ortes ist eindrücklicher, nachhaltiger, macht fassungsloser, ist verbindlicher als das Lesen.[48] Zudem werden die Dimensionen des Vernichtens und Mordens, der Menschenverachtung zunächst völlig abstrakte Vorstellungen anschaulicher, wenn man den Ort sieht. Die Gedenkstätte liefert die Anschauung zum abstrakten Begriff der „Shoah", des Terrors, der Vernichtung, sie hilft ihn zu konkretisieren. Es macht einen wesentlichen Unterschied, ob man im Klassenraum hört und liest, dass Birkenau ein riesiges Mordlager war, oder ob man dort steht, herumgeht, an den Orten der Vernichtung ist. In der Regel wird der Betrachter überwältigt von den sinnlichen Eindrücken; viele sind der Auffassung, dass sie es sich zuvor nicht haben vorstellen können. Es gelingt nur sehr guter Literatur oder Verfilmung, eine solche Nähe oder Dichte der Empfindung in das Vorstellungsvermögen zu integrieren. Der Besuch fördert die Empathie und moralischen Sensibilität sowie die eigene Urteilsfähigkeit.

phänomenale Erfahrung des Erschreckens

Integration der Dichte der Empfindung

Man kann darüber philosophieren, wie das Ganze zu begreifen, zu erklären, vor allem auch für die Zukunft möglichst zu verhindern ist. Wichtig ist aber, dass niemand gezwungen wird, diesen Lernort aufzusuchen; dorthin kann man nur freiwillig reisen. Auschwitz zum „moralisch-emotionalen Zwangserlebnis zu machen",[49] wäre aus didaktischen und entwicklungspsychologischen Gründen unvertretbar.

Weiterführende Literatur:

B. Brüning und E. Martens (Hg.): Anschaulich philosophieren. Weinheim, Basel 2007.

EU 1/2011: Fotografie.

J. Heinrich: Wie Videospiele den Philosophieunterricht bereichern können. In: ZDPE 4/2015. S. 18-24

B. Kensmann: „For what? For nothin'. For a tin star." In: ZDPE 4/2012. S. 320-335.

R. Lépine, A. Lorenz, R. Ruffing u.a.: Comic-Reihe „Philosophie für Einsteiger". Paderborn: 2012ff.

S. Maeger: Umgang mit Bildern. Bilddidaktik in der Philosophie. Paderborn 2013.

VIII. Bausteine zur Gestaltung und Reflexion des Philosophieunterrichts

Unterrichtsplanung, verstanden als antizipierende Vorbereitung von Unterricht, ist nicht nur ein Thema der Allgemeinen Didaktik, sondern auch der Philosophiedidaktik. Zwar gibt es viele Hinweise vor allem in den fachdidaktischen Zeitschriften für die Planung von Unterrichtsreihen oder Projekten aller Art, aber eine grundlegende, die verschiedenen Aspekte umfassende Einführung in die Planung von Philosophieunterricht gibt es nicht.

1. Aspekte zur Planung von Philosophie- und Ethikunterricht

Set von Kenntnissen

Wer Philosophieunterricht planen oder auch beobachten will, braucht ein Set von Grundüberzeugungen und Kenntnissen, ein Reservoir an Zielen, Mitteln, Umsetzungsmöglichkeiten. Dazu gehören fachdidaktische Modelle, die zentralen Prinzipien des Unterrichts, Kenntnisse des Aufbaus von Unterricht und der Planung von Unterrichtsreihen, der Formulierung von Bildungsintentionen sowie Formen und Kriterien der Leistungsbewertung, der Erstellung didaktischer Reduktionen von Texten, der Umgang mit Schulbüchern, Lehrplänen etc. [1]

Antizipation

Die Planung der einzelnen Handlungsabschnitte in den Unterrichtseinheiten ist ein gedanklicher Vorentwurf, die antizipierende Vorbereitung des Unterrichts. Diese muss verschiedene Lernwege der Schülerinnen und Schüler der Lerngruppe berücksichtigen, wobei bedacht werden muss, dass jeder Mensch anders lernt. Um darauf zu reagieren, dass die Heterogenität der Lerngruppe unterschiedliche Tempi hinsichtlich der Verarbeitung von Lerninhalten bedingt, muss die Lehrperson mit Bezug auf die Fähigkeiten der Lernenden vorausplanen, wie die Lernwege am besten vorbereitet und begleitet werden können. Unterrichtsplanung gleicht einem wohlüberlegten, differenzierten und mit Alternativen konzipierten Versuch, die Lernende bei ihren unterschiedlichen Lernvoraussetzungen abzuholen.[2] Alle

Abb. 15: Berliner Planungsspinne

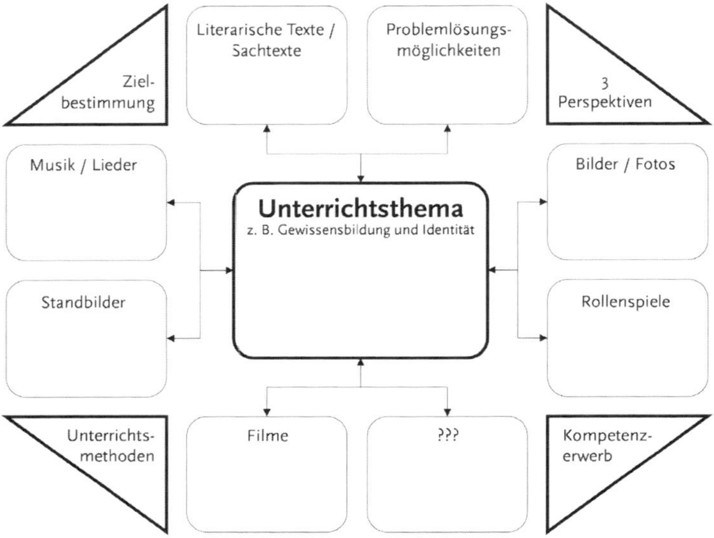

Planungsaspekte müssen in einer Analyse des Interdependenzzusammenhangs aller am Lernen beteiligten Felder berücksichtigt werden.

Ein Vorschlag ist die „Grundlegung einer Theorie der philosophischen Unterrichtsplanung nach Kant“[3]. Blesenkemper geht bei seinem Vorschlag von der Orientierung des Unterrichts an den drei Regeln des Denkens von Kant aus. Diese Prinzipien werden ausbuchstabiert und mit einem einschlägigen Phasenmodell des Unterrichts konkretisiert sowie der Perspektive der Heterogenität. Er kommt so zu zentralen Aufbauprinzipien von Unterricht.[4]

Planungshilfen

Hilfreich für die Planung von Unterricht sind Planungsskizzen oder Planungsspinnen , die Bausteine komplexerer Lernszenarios sind.[5]

2. Zentrale Prinzipien des Unterrichts

Problemorientierung

Die Problemorientierung ist ein grundlegendes Prinzip der angewandten Philosophie, der Unterrichtsgestaltung und der Philosophiedidaktik schon seit der Einführung des Oberstufenfaches. Die Problemorientierung der Fächer Philosophie und Ethik hilft, den Unterricht ausgehend von einer Fragestellung,

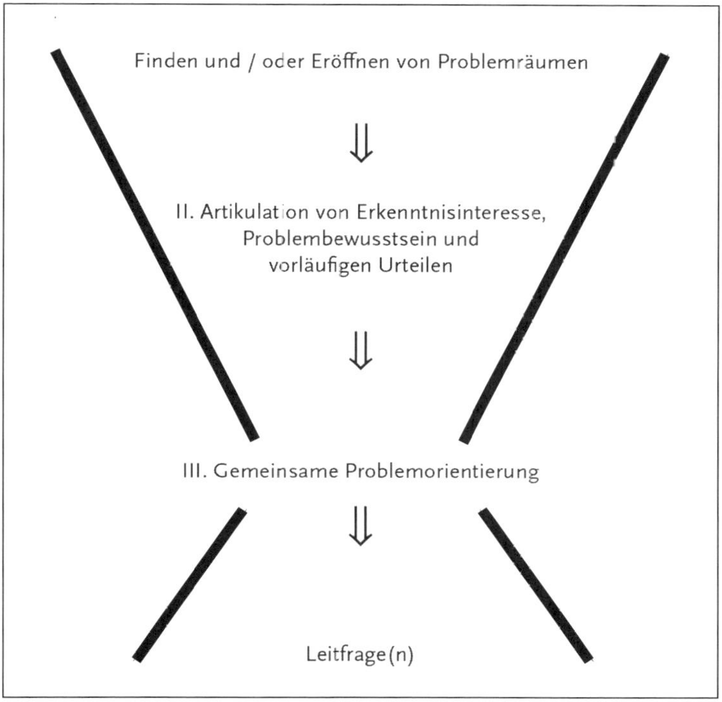

Abb. 16: Kaffeefiltermodell nach Tiedemann

einem philosophischen Problem oder von Problemen, die die Schüler und Schülerinnen aufwerfen, zu gestalten.

Für die Unterrichtsstunde und Unterrichtseinheit, aber auch für das Philosophieren an anderen Lernorten bildet die Problemorientierung, die in der Phase der Problemeröffnung die Lernenden einbezieht und sichtbar gemacht wird, den roten Faden des Philosophierens. Sie wird entwickelt aus der Hinführung im offenen Unterrichtseinstieg. Schüler und Schülerinnen formulieren erste Auffassungen zu Impulsen, aus denen dann die Problemstellung entwickelt wird. Tiedemann visualisiert diese Phase im Modell eines Kaffeefilters.[6]

Heterogenitätsorientierung

Der Begriff der Heterogenität, der sich von den griechischen Begriffen *heteros* (ungleichartig) und *genos* (Geschlecht, Art, Gattung) herleitet, steht für Ungleichartigkeit, Uneinheitlichkeit, Verschiedenheit. Hinter dem Begriff verbirgt sich eine Vielfalt von Perspektiven und Dimensionen. Im schulischen Kontext sind mit dem Begriff in der Regel Unterschiede zwischen Lernenden einer Schulklasse gemeint. Die Individualität der Merkmale wird aus der Perspektive der Lehr-Lernforschung vor allem auf leistungsbezogene Merkmale, auf Vorwissen und Vorkenntnisse, auf Intelligenz, Motivation und Metakognition bezogen. Die erziehungs- und sozialwissenschaftliche Perspektive kritisiert dagegen die Konstruktionsprinzipien von Differenzlinien wie Geschlecht, Nationalität oder Kultur und damit einhergehende Ungleichheiten und eindimensionale Zuschreibungen.

Schulen als Bildungseinrichtungen haben immer eine heterogene Schülerschaft, in Lerngruppen gehen die Interessen, Bedürfnisse und Fähigkeiten der Schüler und Schülerinnen oftmals weit auseinander. In Philosophie und in den Fächern der Sekundarstufe I zeigt sich die Problematik und Wichtigkeit der Heterogenitätsorientierung immer schon und in gesteigertem Maße durch die Zusammensetzung der Lerngruppen.[7]

Der Stellenwert der Heterogenität wird in der gegenwärtigen schulpolitischen didaktischen Debatte intensiv diskutiert. Lehrpläne und Schulbücher werden für heterogene Klassen konzipiert. Neuerungen in der Lehrerausbildung zielen darauf ab, die Lehramtsanwärter in ihren didaktischen und pädagogischen Fähigkeiten zu sensibilisieren für die Heterogenitätsorientierung. Die Schulen und ihre Lehrenden haben in der heutigen Schullandschaft zunehmend die Aufgabe, den Schülern und Schülerinnen mit unterschiedlicher kultureller, sozialer und sprachlicher Herkunft ein geeignetes Lernumfeld zu ermöglichen, sie bei Lernschwierigkeiten zu unterstützen und die wechselseitige Akzeptanz zu fördern. Allerdings ist darauf zu achten, dass man nicht selbst Zuschreibungsmechanismen und undifferenzierte Heterogenitätsdiskurse verstärkt. Heterogenität ist selbst ein Konstrukt. Sie erfordert einen Blick für Vielfalt, den produktiven Umgang mit Vielfalt und die Einschätzung der Vielfalt als Chance.[8]

Vielfalt als Chance

Heterogenitätsorientierung fordert Maßnahmen auch auf der Ebene des konkreten Unterrichts.[9] Sie muss schon bei der Unterrichtsplanung beginnen. Diese muss offen sein für spontane Ereignisse. Diagnostische und didaktisch-methodische Kompetenzen der Lehrenden sollten deshalb stärker gefördert werden, damit sie erfolgreiche Lernwege für alle ermöglichen können. Für die Innere Differenzierung sind individuelle Fördermöglichkeiten zu entwickeln durch die kompetente Nutzung unterschiedlicher Methoden, Materialien und Medien, Lerninhalte und Lernniveaus. Ein in der Philosophiedidaktik begründetes Vorgehen ist das bilinguale Philosophieren. Diese Idee basiert auf dem Vorschlag über den Umgang mit Sprache das Philosophieren zu lernen. Das Ziel ist es, während man die Sprache unterrichtet, auch zugleich die mentalen Akte des Philosophierens zu vermitteln.

bilinguales Philosophieren

Wie viel und was die Lernenden im bilingualen Philosophieunterricht jeweils an sprachlichen Mitteln brauchen, wird, in enger Abstimmung des fachlichen und sprachlichen Lernens, durch eine sprachphilosophisch basierte sprachliche Bedarfsanalyse ermittelt.[10]

Für den Unterricht in Philosophie und den Fächern in der Sekundarstufe I ist der Lebensweltbezug leitend. Die Lebensweltorientierung des Unterrichts sichert, dass die Fragen und Probleme des Unterrichts mit der Lebenswelt der Lernenden verknüpft sind. Die grundlegenden Prinzipien ermöglichen die Ausbuchstabierung von Bildungsintentionen.

Lebenswelt- und Kompetenzorientierung

Die Gestaltung des Unterrichts hängt wesentlich von den Absichten, den Intentionen, die Lehrende mit dem Lehr- Lernprozess verfolgen, ab. Selbstverständlich sollte sich die Formulierung von Bildungsintentionen vereinbaren lassen mit den Kompetenzformulierungen, die in den Kernlehrplänen aller Schulfächer festgeschrieben sind. Diese Kompetenzformulierungen sind richtungsweisend und entstammen langjährigen fachdidaktischen Diskussionen. Dennoch sollten Anfänger des Philosophieunterrichts lernen, ihre eigenen Bildungsintentionen zu formulieren, um sich zunächst fachdidaktisch selbst verorten und die eigenen Ziele fundiert mit curricularen Vorgaben abgleichen zu können.

Bildungsintentionen

Die Formulierung von Bildungsintentionen schärft die stimmige Gestaltung und lernorganisatorische Umsetzung des Unterrichts; sie ermöglicht zu prüfen, ob man diese Intentionen erreicht hat, sie ermöglicht die Reflexion unterrichtspraktischer Entscheidungen, die nicht implizit, sondern reflektiert getroffen werden. Die Formulierung sollte nicht die allgemeindidaktischen Label nutzen, da diese nicht philosophie-spezifisch sind. Die Formulierung sollte Komponenten philosophischer Grundkompetenzen wie die Wahrnehmungs-, Deutungs-, Präsentations-, Argumentations-, Reflexions- und Urteilskompetenz aufnehmen und ausdifferenzieren.

Formulierung von Bildungsintentionen

Die Formulierung von Bildungsintentionen verweist immer auf das Thema des Unterrichts und nimmt verschiedene Unterscheidungsaspekte auf wie die Genauigkeit der Zielformulierung (Leit-, Richt-, Grob- oder Feinziele), den Verhaltensbereich (kognitive, affektive, emotive Ziele), die Operatoren und den Schwierigkeitsgrad (z.B. beschreiben, erörtern, beurteilen). Wichtig ist, sich für die spontanen Prozesse des Unterrichts offenzuhalten und sich nicht in der Formulierung zu komplizierter Kompetenzmodelle zu verlieren. Gütekriterien sind die Verständlichkeit der Formulierung, die Darlegung der wesentlichen

Intentionen des Unterrichtenden, die Orientierungsfunktion für unterrichtliche Entscheidungen und die Ausbuchstabierung der Perspektiven der Lernenden.

Projektorientierung

Die Projektorientierung kann durch Projektarbeit oder Projektkurse umgesetzt werden. Projektarbeit wird von einer Gruppe geplant und durchgeführt; sie erfordert am Ende einen Abschluss als Produkt oder Handlungsergebnis. Die Projektarbeit ist in ihrem Selbstverständnis anwendungsbezogen, kompakt und produktorientiert. Sie kann generell im Unterrichtsfach oder fächerübergreifend konzipiert werden. In der Philosophie mit ihren verschiedenen Methoden, ihrer Ideen- und Problemgeschichte, ihrem aufklärerischen Anspruch, ihrer Einheit von Theorie und Praxis gibt es einen großen Fundus, ein Projekt durchzuführen. Anregungen und Hilfen zu ihrer Strukturierung, Durchführung und Organisation und verschiedene praktische Beispiele für Unterrichtsprojekte gibt es in der fachdidaktischen Literatur.[11]

3. Förderung des Bildungsgangs durch Phasenmodelle des Unterrichts

Der Unterricht läuft in der Zeit, einzelne Unterrichtseinheiten laufen im Rahmen einer vorgegebenen Zeitstruktur ab. Jede Einheit hat einen Anfang und ein Ende, dazwischen ergibt sich eine Gliederung, die die Hinführung, die Entfaltung der Problemstellung, die Phase der Erarbeitung oder Verarbeitung von Deutungsangeboten, die Sicherung des neu erworbenen Wissens und die Problematisierung und den Transfer umfasst. Diese generelle Einteilung als problemorientierte dialektische Spiralbewegung ist grundlegend für die Lernorganisation in den philosophischen Fächern. Durch sie wird das Selbstdenken gewährleistet. Sie muss je nach fachdidaktischer Analyse in Phasen des Unterrichts konkret ausbuchstabiert werden. Dazu hat man Phasenschemata des Unterrichts zur Verfügung, die als Orientierung dienen können, aber je nach Zielen etc. entwickelt werden müssen.

Unterrichtsphasen

In der Fachdidaktik wird das „Bonbon-Modell" wegen seiner Anschaulichkeit, seiner Verknüpfungsmöglichkeit mit allen Methoden und Medien, seiner Realisierung der dialektischen Spiralbewegung und wegen seiner sachlichen Überzeugungskraft vielfach genutzt.

Das Modell, das an die Lernpsychologie Roths und das Methodenmodell von Martens angelehnt ist, ist sowohl für die Planung einzelner Stunden wie auch für die Planung von Unterrichtsreihen und Projekten gut geeignet.[12] Man sollte aber davon absehen, die Formen und Methoden des Philosophierens fest den Phasen des Unterrichts zuzuordnen; diese sind in allen Phasen umsetzbar. Blesenkemper hat die dritte Phase im Bonbon-Modell, in der es um intuitive Ideen von Lernenden geht, nochmal ausdifferenziert und kann auf diese Weise die drei Regeln des Denkens nach Kant in einem modifizierten Bonbon-Modell veranschaulichen.[13]

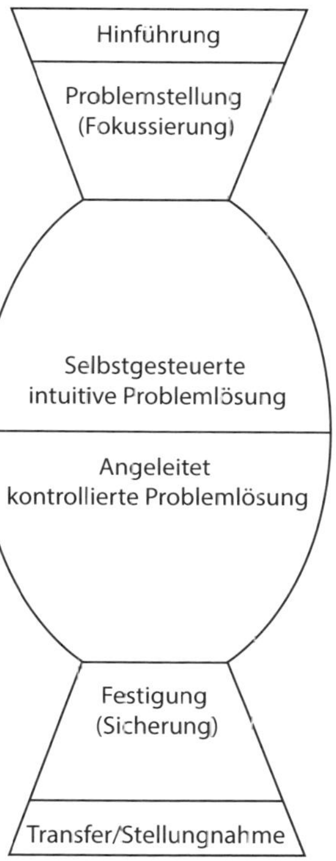

Abb. 17: Bonbonmodell nach Martens

Bonbon-Modell

Ein mehr allgemeindidaktisch orientiertes, aber für den Philosophieunterricht sehr instruktives Phasenschema, das gut selbstständig weiter entwickelt werden kann, ermöglicht auch Anfängern den schnellen Blick auf eine Unterrichtsskizze und bietet gute Orientierung.

Skizze des Unterrichtsverlaufs

Wichtig ist es, die Problemstellung als eigene Phase zu planen. Weitere Aufbauprinzipien der Stunden-, Reihenplanung und Dimensionen des Unterrichts wie Arbeits- und Sozialformen, verschiedene Diskussions- und Gesprächsformen, Tipps zum Umgang mit Tafel, White-Board oder Flip-Chart etc. werden in verschiedenen Handreichungen erläutert.[14]

4. Leistungsbewertung

Leistungen von Schülern und Schülerinnen müssen beurteilt und bewertet werden. Das Ziel besteht aber nicht darin, bloße Kenntnisse abzuprüfen, sondern den Schülern und Schülerinnen eine angemessene Rückmeldung über das zu geben, was sie beim Philosophieren gelernt haben. Die Komponenten der Wahr-

Abb. 18: Vorschlag zur Strukturierung eines Unterrichtsverlaufs

Zeit	Phase	Unterrichtsgeschehen, -gegenstand	Sozialform	Medien
	Einstieg			
	Problemstellung			
	Erarbeitung / Verarbeitung			
	Sicherung Problematisierung Transfer			

nehmungs-, Deutungs-, Präsentations-, Argumentations-, Reflexions- und Urteilsfähigkeiten sind jeweils in Bezug auf Lerngegenstände und Lernkontexte in Form von Gutachten, Worturteilen und Noten einzuschätzen.

Leistungsbewertung

Lange hat man sich in der fachdidaktischen Debatte nur ungern mit Leistungsbewertung beschäftigt; in der philosophischen Unterrichtspraxis sind Lehrende immer schon damit konfrontiert, Leistungen zu bewerten. Leistungsanforderungen für Grundkurse in Philosophie und für Leistungskurse müssen sich an den Lehrplänen der Fächer in den jeweiligen Bundesländern sowie den Einheitlichen Prüfungsanforderungen in der Abiturprüfung Philosophie (EPA) orientieren. Auch für die Fächer in der Sekundarstufe I werden von Anfang an Kriterien der Leistungsbeurteilung formuliert und angewandt. Inzwischen gibt es in der Philosophiedidaktik eine umfangreiche Debatte und viele Anregungen zur Leistungsmessung.

4.1 Aspekte, Funktionen und Perspektiven von Leistungsbewertungen

Rückmeldung

Die Bewertung von Leistungen beinhaltet die Benotung nach der gängigen Notenskala. Die Beurteilung umfasst ein verbales, schriftliches oder mündliches Urteil, in dem den Lernenden eine differenzierte Rückmeldung über ihrenLeistungsstand gegeben wird.[15]

Leistung, die sowohl den Vollzug einer Tätigkeit als auch das Ergebnis umfasst, kann entsprechend prozessorientiert oder ergebnisorientiert bewertet werden. Erstere umfasst die Art und Weise der Auseinandersetzung mit dem Lerngegenstand. Es geht darum, zu beurteilen, inwieweit Schüler und Schülerinnen befähigt sind, Strategien zu finden, Anforderungen zu erfüllen, Probleme adäquat zu lösen. Die ergebnisorientierte Bewertung beurteilt das auf den Punkt erbrachte Produkt wie z.B. die Klausur, den Test, die Präsentation.

prozess- oder ergebnisorientiert

Die Funktionen der Leistungsbewertung sind vielfältig.[16] Die Qualifikationsfunktion gibt Lernenden Rückmeldung bezüglich ihrer ganz individuellen Eignung und eröffnet Möglichkeiten, den eigenen Bildungsweg und ganz persönlichen Werdegang selbst zu gestalten. Entwicklungsmöglichkeiten werden aufgezeigt und den Lernenden vermittelt. Durch die Informations- und Rückmeldefunktion bekommen Lernende ein Feedback, eine Auskunft über Stärken und Schwächen, die Progression ihres Lernfortschritts. Diese sollte nicht an Defiziten orientiert sein, sondern dem einzelnen Lernenden derart Auskunft geben, dass er seine oder sie ihre Fähigkeiten angemessen einschätzen lernt und Wege findet, sich zu verbessern und Stärken auszubauen. Der eigene Lern- und Selbstreflexionsprozess soll angestoßen werden.

Qualifikationsfunktion

Die Motivations- und Förderfunktion erfüllt eine Beurteilung, wenn sie dazu anspornt, Leistungen zu erbringen. Dieses gelingt eher durch eine mäeutische Bewertung, die nicht an Defiziten des Lernenden entlang berät, sondern an Stärken und Potenzialen, die ausgebaut werden können. Die Förderfunktion wird realisiert, wenn im angemessenen Rahmen im Sinne und Interesse des Lernenden selbst beraten wird. Die Erzeugung von Angst und Stress führt nur zu gegenteiligen Effekten.

Motivations- und Förderfunktion

Drei Perspektiven sind Bezugspunkte der Leistungsbewertung:

- Die Individual-Perspektive erfasst die individuelle Entwicklung und den Leistungsstand des einzelnen in Bezug auf einschlägige Leistungsanforderungen.
- Die soziale Perspektive bringt mit ein, wie die Leistungen des einzelnen im unmittelbaren Vergleich mit anderen einzuschätzen ist.
- Die Sachperspektive rückt die Fähigkeiten, Fertigkeiten, das Wissen, die Komponenten von Kompetenzen in den Mittelpunkt der Bewertung. Hier ist die Leitfrage, ob der Lernende den vorher festgelegten Anforderungen gerecht wird.

4.2 Anforderungen an Leistungsbewertungen und Leistungsbeurteilungen

Transparenz

Leistungsbewertungen sollten zuverlässig und nachvollziehbar sein. Klassische Bewertungsfehler sollten vermieden werden. Ein Bewertungsdiskurs kann dabei helfen: Der Lehrende muss seine Bewertung und Beurteilung begründen, mit dem Lernenden Schritte für den weiteren Lernweg besprechen und Impulse zur Kompetenzförderung geben.

Komponenten

Zu bewerten sind die Komponenten der Kompetenzen, die man offen gelegt und begründet hat. Sie sollten entsprechend der Spezifik der zu fördernden Kompetenzen auf dem Stand einer differenzierten fachdidaktischen Begründung formuliert werden. Deshalb wird an dieser Stelle keine Liste vorgeschlagen. Jeder Lehrende muss, auf Basis einer guten fachlichen wie fachdidaktischen Ausbildung, die Bildungsziele und damit auch die zu fördernden Kompetenzen in ihren zu bewertenden Aspekten bzw. Komponenten ausformulieren. Eine Orientierung bilden die Lehrpläne der Fächer, die Curricula an Schulen und die fachdidaktischen Modelle. Es gibt eine „Werkstatt“ mit vielen Werkzeugen der Leistungserfassung, Darstellung und Begründung der Bewertung von Collagen, Plakaten, Texten, Bildern, Referaten, verschiedenen Gesprächsformen sowie schriftlichen Formen; auch Hinweise zur Bewertung präsentativer Formen und auf Operatoren sind verfügbar.[17]

5. Zum Umgang mit Schulbüchern

Die Geschichte des Schulbuchs beginnt bei Comenius; und die Schulbuchfrage war immer von hohem Rang.[18] Als Unterrichtsmittel für das jeweilige Lernen hat das Schulbuch die Funktion eines Leitmediums und Impulsgebers. Die Bedeutung dieses Mediums für den Unterricht ist trotz der schnellen Entwicklung neuer Medien und des schnellen Überholtseins von Schulbüchern evident. Das Schulbuch hat am Lernort Schule tagtäglich eine hohe Relevanz und trägt stark zur Steuerung von Unterricht und Schule bei, unterhalb der Ebene von Schulgesetzen und Lehrplänen. Da es in der Hoheit der Bundesländer liegt Schulbücher zu prüfen und zu genehmigen, gibt es in Deutschland 16 Märkte für Schulbücher, jeweils auf die Curricula der Bundesländer zugeschnitten. Es gibt eine große Vielfalt an Vorschlägen

Mittel der Unterrichtssteuerung

für Texte und andere Medien, für verschiedene Erschließungstechniken und Methoden. Die Ministerien sind sich in vier Hinsichten einig, dass die Schulbücher a) den Richtlinien, Lehrplänen sowie weiteren Unterrichtsvorgaben des Landes entsprechen, sie b) die Lernenden ganzheitlich ansprechen und individuelles Lernen eröffnen, entdeckendes Lernen und selbstständiges Arbeiten fördern, c) auf dem Stand der Fachwissenschaft sind und d) mit der verfassungsmäßigen Ordnung und den rechtlichen Vorgaben für Schulen vereinbar sind.[19]

Ein Schulbuch ist vielseitig verwendbar wie zum Beispiel zur Information, zur Erarbeitung, aber auch zur Überprüfung des verarbeiteten Angebots. Es ist in jeder Phase des Unterrichts einsetzbar. Es bietet gute Orientierung durch Inhaltsverzeichnisse, Register oder Gliederungen und lässt sich zeitlich gut in den Unterricht einordnen durch z.B. didaktisch reduzierte Texte, Nachtexte, Kurztexte. Es kann durch seine didaktische Konzeption dem Lehrenden Entscheidungen abnehmen, z.B. bei der Planung von Unterrichtsreihen, die sich an dem Vorgehen des Schulbuches zu einem Themenbereich orientieren.

vielseitige Verwendbarkeit

Ein Schulbuch sollte aber auch kritisch betrachtet werden, denn Schulbücher haben immer auch Schwächen. Materialien fehlen, weil die Autoren sie als Randphänomene betrachten, es fehlen einschlägige Autoren, die man selbst für zentral hält, oder die didaktischen Reduktionen der Textauszüge passen nicht zur eigenen Problemstellung. Vor allem bezüglich aktueller Themen kann ein Schulbuch immer nur begrenzte Informationen liefern. Die Präsentation im Schulbuch ist grundsätzlich immer hinterfragbar.

Schulbücher sind beliebte Medien, um kurze philosophische und andere Texte, Cartoons, Bilder etc. zum Einsatz im Philosophieunterricht zu nutzen. Der Schulbuchmarkt ist sowohl für die Sekundarstufe I als auch II vielfältig.[20]

Schulbuch-Forschung gibt es im Bereich der Philosophiedidaktik kaum.[21] Verschiedene Kriterien für die Schulbuchbeurteilung auf europäischer Ebene werden auch für die Prüfung von Schulbüchern für das Fach Philosophie, Praktische Philosophie oder andere philosophieaffine Fächer in der Sekundarstufe I fruchtbar gemacht.[22]

Schulbuchanalyse

Die Analyse eines Schulbuchs findet auf zwei Ebenen statt: auf der inhaltlichen Ebene und auf der Ebene der Vermittlung, der Transformation des Inhalts. Im Schnittpunkt stehen die jeweiligen Adressaten, die Schüler und Schülerinnen. Ganz grundsätzliche Anforderungen an Schulbücher im Fächerspektrum Philosophie, Praktische Philosophie und Ethik sind das didaktische Gesamtkonzept eines Lehrbuches, die Gestaltung der einzelnen Kapitel, die Kriterien, die die Textauswahl bestimmen (z.B. Textumfang; Thema usw.), das Verhältnis zwischen philosophischen Autoren und Autorinnen im Vergleich zu Texten alltagsweltlicher Herkunft, die Gestaltung der Aufgaben- und Fragestellungen, die Einbindung weiterer Medien, die Bildauswahl, Optik und des Gesamteindruck (d.h. Präsentationsart, Größe, Wirkung, Eindringlichkeit der Motivik, Altersangemessenheit, Symbol- und Sinngehalt).

Aspekte der Untersuchung

Verschiedene Untersuchungsaspekte sind im Hinblick auf die Unterrichtspraxis wichtig: Zu prüfen ist, ob die verschiedenen Texte, Medien, Aufgaben, Definitionen usw. mit Symbolen versehen und somit leicht zu erkennen bzw. zu unterscheiden sind. Wichtig ist auch, dass die ausgewählten Texte und die Autorentexte vor allem auch für Klassen in der Sekundarstufe I eine adressatengerechte Sprache haben, präzise gegliedert und mit einer Zeilenzählung versehen sind, dass die didaktischen Reduktionen exemplarisch, angemessen in ihrer begrifflichen Schärfe und Anschaulichkeit sowie mit bibliographischen Nachweisen versehen sind. Zu prüfen ist auch, ob die Arbeitsaufträge klar und präzise sind, alle Materialien miteinbeziehen, es eine erkennbare didaktische und methodische Funktion gibt, Aufgaben zur Einübung methodischer Fähigkeiten vorhanden sind und die Arbeitsanregungen eine Differenzierung zulassen. Die Materialien sollten dazu geeignet sein, die Förderung der philosophischen Kompetenzen der Schüler und Schülerinnen, auch auf verschiedenen Anforderungsniveaus, zu realisieren und Anregungen bzw. Vorschläge zum (selbstständigen) Weiterarbeiten bzw. Weiterdenken geben. Der funktionale Apparat sollte ein Stichwortverzeichnis, ein Glossar, ein Literatur- und Quellenverzeichnis umfassen.[23]

6. Die Gestaltung didaktisch reduzierter Texte und „Nach-Texte“

In den Fächern Philosophie, Ethik etc. ist die Reduktion von Texten besonders wichtig, weil es unmöglich ist, philosophische Ganzschriften zu lesen. Bei dem erstellten Auszug geht es darum, den spezifischen Ansatz, die inhaltliche Position, die Argumentation eines Autors in einem gekürzten Original-Textauszug darzustellen.

Didaktische Reduktion
Die didaktische Reduktion von Texten ist zu verstehen als eine Auswahl oder Erstellung von Textauszügen, die geeignet sind, vereinfachend und exemplarisch eine spezifische philosophische Deutung erfahrbar zu machen.

didaktische Reduktion

Die didaktische Reduktion ist orientiert an der Situation der Lerngruppe, an den Bildungsintentionen, am Deutungsgehalt des Mediums, an der Wahl der Sozial- und Arbeitsformen, am Rahmenthema, der Reihen- bzw. Stundenplanung und am hermeneutischen Prinzip der fairen und wohlwollenden Interpretation. Auf keinen Fall darf eine heimliche Lenkung der Lernenden durch die didaktische Reduktion stattfinden, indem man Texte verfälschend kürzt, zentrale Prämissen wegschneidet oder den Kontext von Aussagen nicht klar macht. In vielen Schulbüchern findet diese Art der verfälschenden Verkürzung immer wieder statt. Um das zu vermeiden, muss der Lehrende den Kontext berücksichtigen, in dem der didaktisch reduzierte Textauszug steht, einen für den Autor, die Autorin exemplarischen Textauszug finden und einen Textauszug wählen, der aus sich selbst heraus verständlich ist.

Bei der Herstellung des Auszugs muss der Lehrende auf grammatikalische und semantische Anschlüsse achten, die Schnittstellen kennzeichnen mit eckigen Klammern, den Text mit Zeilenangaben verstehen, Redundanzen vermeiden, sich auf wesentliche Aspekte konzentrieren, die Position des Autors, der Autorin angemessen repräsentieren und bibliographische Angaben anfügen, damit die Lernenden den Kontext prüfen können. Diese Art der Arbeit ist aufwendig und setzt solide fachliche Kenntnisse voraus. Sie ist aber, wenn man den Unterricht jeweils auf die konkrete Lerngruppe beziehen will, sehr wichtig. Häufig passen die Medienzusammenstellungen in Schulbüchern nicht.

Neben der Möglichkeit, philosophische Texte didaktisch zu reduzieren, gibt es auch die Möglichkeit, gerade für jüngere Kinder oder im Interesse Innerer Differenzierung selbst abstrakte Texte von Philosophen und Philosophinnen umzuschreiben.

Nach-Texte

Diese „Nach-Texte“ müssen Kriterien der Verständlichkeit, der fachlichen Relevanz, der fachdidaktischen Eignung und der Fairness gegenüber der Intention des Ausgangstextes erfüllen.[24]

Weiterführende Literatur:

K. Blesenkemper: Unterrichtsplanung. In: J. Nida-Rümelin, I. Spiegel, M. Tiedemann (Hg.): Handbuch Philosophie und Ethik. Paderborn 2015. S. 315-324.

S.E. Gerber: Mit Kamera, Pinsel und Farbe Philosophieren. Die Bewertung präsentativer Bearbeitungsformen. In: EU 1/2015. S. 38-43.

D. Schmidt und P. v. Ruthendorf: Philosophieren messen. Leistungsbewertung im Philosophie- und Ethikunterricht. Leipzig 2013.

B. Wischer: Heterogenität produktiv nutzen? Zu den Herausforderungen und Problemen einer neuen Leitidee. In: EU 1/16. S. 7-10.

Glossar

Angewandte Philosophie

Angewandte Philosophie ist die philosophische Analyse, Reflexion, Kommentierung oder Vermittlung öffentlich, lebensweltlich relevanter Themen, Fragen, Probleme, die für Menschen eine wichtige Rolle in ihrer eigenen Lebensgestaltung spielen. In Bezug auf das zu analysierende und diskutierende Problem vermittelt die Angewandte Philosophie kritisches Orientierungswissen, das sie durch ein interaktives Kohärenz-Verfahren zwischen der Fachdisziplin und dem Ort des Philosophierens gewinnt und transformiert. Aufgrund dieses Selbstverständnisses ist die Angewandte Philosophie eine entscheidende Bezugsperspektive der Philosophiedidaktik.

Außerschulische Lernorte

Der Begriff des außerschulischen Lernortes bezeichnet die Öffnung von Schule durch die Schaffung neuer Erfahrungsräume im Lernen. Die Lebensweltorientierung und das Lernen durch Erleben in authentischen Erfahrungsräumen sind zentral. Lernen an außerschulischen Lernorten verbindet die Aneignung theoretischen Wissens mit Lernen in konkreten Situationen. Vier Eigenschaften sind für die verschiedenen Typen von außerschulischen Lernorten charakteristisch: Der Lernort befindet sich außerhalb der Schule; im Zentrum steht eine originale Begegnung, eine unmittelbare Erfahrung mit Orten, Personen, Dingen, Themen, Situationen; ein interdisziplinäres, fächerübergreifendes Herangehen ist sinnvoll und philosophische Dimensionen stehen im Vordergrund. Die verschiedenen Tätigkeiten des Philosophierens sind genuin mit außerschulischen Lernorten verbunden: Phänomenale Erfahrungen werden an verschiedensten Orten gemacht; analysieren, verstehen, nachdenken, reflektieren ist in Museen, Gedenkstätten, an Denkmälern etc. entscheidend; debattieren, argumentieren, spekulieren ist möglich in öffentlichen Diskursprojekten, an Orten des politischen Handelns oder ethischen Streitens und Entscheidens. Man kann über die Inspiration, die durch die Aura des besuchten Ortes oder durch Gegenstände entsteht, also an den Orten selbst und über sie philosophieren. Die Realbegegnung, das Lernen in authentischen Situationen, die Eröffnung von Erfahrungsräumen, das Erleben und die Reflexion von Erfahrungen, und die Möglichkeit, anschaulich zu lernen, bergen viel Potential.

Autonomie

Im Anschluss an Kants transformierten Begriff der Aufklärung ist mit Nietzsche und Foucault Autonomie zu verstehen als kritische Selbstbestimmung im Denken und der Gestaltung des je eigenen Lebens. Autonomie, sich selbst das Gesetz geben, meint die historisch-kritische Analyse von Gegebenheiten, des Tests von Grenzen und ihre Überschreitung, das Eröffnen von Räumen der Veränderbarkeit und Spielräumen der Selbstformung. Autonomie umfasst die permanente kritische und experimentelle Haltung im Denken sowie die Schaffung von Räumen der Sorge um sich selbst, um sein eigenes Leben, das das Leben der anderen umfasst. Die Selbst-Sorge schließt sich an Konzepte der antiken Ethik an, die aber immer auf der historisch-kritischen Analyse basiert.

Bildverstehen

Bilder sind vieldeutige Medien; das Verstehen benötigt verschiedene, dem jeweiligen spezifischen Bild angemessene Zugangsformen. Im Deutungsprozess von Bildern ist keine eindeutige, endgültige symbolische Ordnung möglich; ein Deutungsrest bleibt offen. Man kann Bilder sowohl analysieren und untersuchen als auch Erfahrungen mit ihnen auslösen. Bildverstehen umfasst verschiedene Dimensionen. Dazu gehört das Verstehen der konstitutiven Komponenten des Bildes, das Erfassen der formalen Struktur und des gegenständlichen Inhalts. Zum Zweiten wird die analytische Sicht ergänzt vom imaginativen, wahrnehmungsorientierten Sehen. Zudem ist ein Bild ein Zeigen, die Präsentation einer Sichtweise. Und immer werden nichtthematische, aber mitschwingende Ausdrucksqualitäten von Bildern aufgenommen. Im Bild wird Ausdruck mittels bestimmter Komponenten dargestellt; es wird zugleich ein Ausdruck im Bild sichtbar gemacht, der den Raum für die Autonomie des Bildsehens eröffnet. Wichtig sind zwei Modi der Lesbarkeit von Bildern als komplementäre Formen des Weltbezugs: der sprachliche Logos als Modus (die semantische Bedeutungsrelation) und die nicht-prädikative bildliche Rationalität als Modus (die phänomenale Ausdrucksrelation).

Deutungsprozess

Um philosophische Bildung zu ermöglichen, sind die Ideengeschichte, gegenwärtige Theorien, der kulturelle Gehalt verschiedenster Medien innerhalb des kulturellen Prozesses, die philosophische Tradition mit ihren paradigmatischen Konzeptionen relevant. Beim Philosophieren geht es darum, diese Gehalte, die selbst innerhalb eines Deutungsprozesses der Tradition stehen, in einem jeweils individuellen komplexen Erfahrungsprozess zu verarbeiten, zu reflektieren. Philosophieren stellt dementsprechend einen unabschließbaren Prozess dar, in dem immer wieder das Deuten von Deutungen weitergeführt wird und nach neuen, angemesseneren Deutungen gesucht wird. Der Deutungsprozess ist als ein iterativer Prozess zu verstehen, der verschiedene symbolische Formen, diskursive, präsentative wie interaktive Formen umfasst.

Diskursive Form
Die verschiedenen symbolischen Formen sind verschiedene Ausdrucksformen von Welt und stehen in einem komplementären Verhältnis zueinander. Der Begriff der diskursiven Form (Ausdrucksform) bezeichnet Form-Typen, die Wörter mit festgelegten Bedeutungen benutzen. Sie sind gemäß der Regeln der Syntax zusammengesetzt und können zu größeren Einheiten verbunden werden. Sie können Bedeutungen auf verschiedene Weisen zum Ausdruck bringen, so dass Definition, die Erstellung eines Wörterbuches möglich ist. Sie beinhalten Bestandteile, die nacheinander dargeboten werden und Bedeutung durch den als Diskurs bezeichneten Vorgang zusammenfassen. Sie können entsprechend nur nacheinander, linear und sukzessive entziffert werden.

Empirische Unterrichtsforschung
Bei der empirischen Unterrichtsforschung (nicht Bildungsforschung) geht es darum, komplexe Bildungsprozesse in angemessene und konkrete Schritte des Unterrichtens und der Überprüfung zu übersetzen, die von der Zielperspektive her formuliert und evaluiert werden können. Auf der Ebene konkreter Lernprozesse lassen sich Fertigkeiten, Fähigkeiten im Spektrum der philosophischen Grundkompetenzen ausbuchstabieren und evaluieren. Die Güte der Vermittlung konkreter Konzepte kann empirisch in den Blick genommen werden; es ist wichtig zu evaluieren, ob angestrebte Intentionen des Unterrichts auch tatsächlich verwirklicht und erreicht werden. Komponenten philosophischer Fähigkeiten sind mit empirischen Mitteln feststellbar, wie z.B. die Komplexität von Argumenten, von Argumentstrukturen, von moralischen Urteilen oder des Bild- und Textverstehens. Dazu müssen die verschiedenen situativ bedingten Momente konkreter philosophischer Unterrichtsprozesse in Hinblick auf Zielsetzungen philosophischer Bildungsprozesse zusammenhängend

beschrieben werden. Entscheidend ist dabei die je individuelle Bewusstmachung und Reflexion der eigenen Haltung gegenüber einem normgebenden Bildungsbegriff, um kohärent Ansatzpunkte für die Beschreibung zu identifizieren. Instrumente dieser empirischen Unterrichtsforschung sollten Instrumente qualitativer Forschung sein, da sie die Komplexität der narrativen Struktur der Unterrichtswirklichkeit und die dynamischen Identität der Lernenden und ihren Umgang mit Welt besser berücksichtigen können.

Heterogenitätsorientierung

Heterogenitätsorientierung bedeutet, die Vielfalt, die Verschiedenheit der Interessen, Bedürfnisse und Fähigkeiten der Lernenden in Lerngruppen wahrzunehmen, diese als positive Herausforderung zu betrachten und didaktisch und pädagogisch sensibel damit umzugehen. Denn die Lehrenden müssen den einzelnen Schülern und Schülerinnen mit unterschiedlicher kultureller, sozialer, sprachlicher Herkunft sowie mit unterschiedlichen Begabungen ein geeignetes Lernumfeld ermöglichen, sie bei Lernschwierigkeiten unterstützen und die wechselseitige Akzeptanz fördern. Der Blick für die Vielfalt erfordert auch den produktiven Umgang mit Vielfalt, der schon mit der Unterrichtsplanung beginnt. Diese muss offen sein für spontane Ereignisse, erfolgreiche Lernwege für alle müssen ermöglicht werden, und es sind individuelle Fördermöglichkeiten zu entwickeln durch die kompetente Nutzung unterschiedlicher Methoden, Materialien und Medien, Lerninhalte und Lernniveaus.

Identität des Selbst

Identität, das mit sich selbst identisch sein, ist als eine dynamische Kategorie aufzufassen. Identitätstheoretische didaktische Begründungen müssen sich bewusst machen, dass das Selbst keinen festen, soliden Ich-Kern hat, sondern immer ein leibliches Wesen ist, das, geworfen in die Welt, Identität immer wieder herstellen muss. Der rote Faden der Identität wird gesponnen vom Selbst in der Auseinandersetzung mit der eigenen Geschichte, durch das Erinnern, durch die Arbeit des Gedächtnisses. Das individuelle Selbst kann gleichzeitig eine in der Zeit konstante Dimension der Identität mit sich wandelbaren Reihen von Attributen, mit einem hybriden und dynamischen Verständnis des Selbst verbinden. Identität, die Autonomie des Selbst wird gestaltet im konkreten, biografischen historischen Kontext. Das Selbst muss sich, als dynamisches, selbst Sinn verschaffen.

Identitätsbildung bedeutet entsprechend eine Arbeit an sich selbst, die Hermeneutik des Selbst und der Welt, in der es sich aufhält.

Inklusive Bildung

Die Inklusion in einem weiten Verständnis erweitert die allgemeinen Menschenrechte um wesentliche Schutzaspekte für eine gesellschaftliche Teilhabe *aller Menschen* an nahezu allen Lebensbereichen. Sie geht von einer generellen Vielfalt der Menschen aus; Anerkennung, Teilhabe und freie Entfaltung sind die zentralen Intentionen der Inklusion. Das dahinterstehende Leitbild der Gerechtigkeit, Fairness und Solidarität mit bisher Ausgegrenzten kann nicht von oben verordnet werden. Gleichwohl erfordert die Akzeptanz dieses Ziels einen kontinuierlichen Prozess, der mit der strukturellen Erhöhung der Chancen auf allen Ebenen, mit inklusiver Bildung beginnen muss. Die wichtigste Grundlage für inklusive Bildung besteht darin, allen Beteiligten im Lernprozess individuelle Handlungsalternativen zu ermöglichen. Die Unterstützung in der jeweiligen individuellen Entwicklung der Lernenden muss im Mittelpunkt des Bestrebens stehen. Im Philosophie- und Ethikunterricht sind aufgrund der heterogenen Lerngruppen unterschiedliche Lernbedürfnisse, vielfältige kulturelle Orientierungen und religiöse Welthaltungen etc. immer schon im Blick der Lehrenden. Es sind dennoch weitere Räume zu schaffen, in denen vielfältige Differenzen zur Quelle vielfältiger Interaktionen werden können. Dazu ist eine entsprechende Ausstattung der schulischen Lernorte mit für die inklusive Bildung notwendigen Ressourcen unabdingbar. Der Fundus der Fächer Philosophie, Praktische Philosophie, Ethik etc. an bereitliegenden und auch praktisch erprobten Konzepten ist weiterzuentwickeln; die Fächer sind aufgrund ihrer inklusionsfördernden Wirkmächtigkeit innerhalb der Bildungslandschaft in ganz Deutschland zu verteidigen. Entscheidend ist für den Philosophieunterricht die Entwicklung von Unterrichtsmaterialen, die für die Innere Differenzierung geeignet sind.

Interaktives Symbol

Der Begriff des interaktiven Symbols stammt nicht wie die Begriffe der diskursiven und präsentativen Form von Susanne Langer, sondern wurde im Rahmen der Transformation von Computerspielen für den Philosophie- und Ethikunterricht vorgeschlagen. Er bezeichnet Form-Typen, die den Philosophierenden ermöglichen, mit dem Leib zu philosophieren und darüber hinaus noch in die dargestellte Wirklichkeit und Welt direkt eingreifen zu können. Die Philosophierenden werden zu einem konstitutiven Element im Geschehen. Sie werden Teil der Welt, der Computer-Spielwelt, und der virtuelle Raum wird zum Feld von Handlungsmöglichkeiten. Die Interaktivität ermöglicht es dem Spielenden, Teil der Spielwelt zu sein (Immersion) und aktiv Entscheidungen zu treffen, die konkrete Auswirkungen haben (Agency). Darüber kann anschließend nachgedacht und reflektiert werden. Die Trias von Immersion, Agency und Interaktivität macht das interaktive Symbol aus.

Kritik
Philosophie als Kritik, als kritisches Denken, als historisch-kritische Untersuchung vorfindlicher Verhältnisse und ihre Überschreitung, ist schon mit Sokrates zu verbinden, wird ausbuchstabiert von Kant, Nietzsche, Hannah Arendt, der Kritischen Theorie in Deutschland oder auch in Frankreich vor allem von Michel Foucault. Philosophie als Kritik im Anschluss an Nietzsche folgt einem Denktypus, der die Analyse der konkreten, immer historisch situierten Voraussetzungen von Wissen, Denken und Urteilen in das Zentrum der kritischen Aufgabe rückt. Es werden nicht allgemeine Regeln, transzendentalphilosophische Voraussetzungen, die reine Vernunft analysiert, sondern die historisch entstandenen, gesellschaftlich wie individuell wirksamen Voraussetzungen menschlicher Erfahrungen und Weltanschauungen werden der kritischen Analyse unterzogen. Das Selber-Denken, die Förderung komplexen Denkens, das einfachen Zuschreibungen, Pauschalisierungen, unreflektiertem Gerede widersteht, die Reflexions- und Urteilsfähigkeit stehen im Zentrum der Haltung der Kritik. Diese Haltung wird als permanente Haltung aufgefasst, als ein Ethos, das gelebt wird. Es kommt nicht zum Ende, sondern beginnt immer wieder in Frage zu stellen, widerständig zu denken, neu anzufangen.

Lebensweltorientierung
Die Lebensweltorientierung sichert den Bezug der philosophischen Fragen und Probleme zur Lebenswelt der Schüler und Schülerinnen. Sie ist ein Prinzip der Angewandten Philosophie, verschiedener philosophischer Konzeptionen wie zum Beispiel der Phänomenologie sowie der Philosophiedidaktik. Sie stellt sicher, dass die Fragen und Probleme des Unterrichts aus der Lebenswelt der Philosophierenden stammen, mit der Lebenswelt der Lernenden verknüpft sind und in der Praxis, in der Lebens-

welt und Lebensgestaltung der Philosophierenden eine Rolle spielen.

Mäeutik

Die Mäeutik, die Hebammenkunst, stammt von Sokrates und ist durch die Platonischen Dialoge überliefert. Die Mäeutik geht davon aus, dass Lernende immer schon Begriffe, Vorstellungen, Erfahrungen, Deutungen, Erkenntnisse von sich selbst und der Welt haben, in sich tragen, mit ihnen „schwanger gehen“. Der Gesprächspartner muss sie durch angemessene Verfahren, durch geschickte Unterstützung nur darin fördern, ihre Erkenntnisse, Wahrheiten, Vorstellungen aus dem Unbewussten hervorzuholen, sich bewusst zu machen, kritisch zu überprüfen und neu zu entfalten. Die Mäeutik, als Haltung von Lehrenden, ermöglicht, die Lernenden als eigenständige Wesen darin zu fördern, angemessener, komplexer, differenzierter, aufgeklärter zu argumentieren und urteilen. Die Mäeutik sorgt für eine entsprechende Gestaltung von Lernprozessen, Lernsettings und Leistungsbeurteilungen, die immer im Sinne der Förderung der Selbstbestimmung der Lernenden organisiert werden.

Philosophiedidaktik

Philosophiedidaktik bezeichnet die wissenschaftliche Theorie von der Vermittlung und Lehre der Philosophie und des Philosophierens. Sie fragt danach, wie und mit welchen Zielen die Bezugswissenschaft Philosophie Lernenden an spezifischen Lernorten vermittelt werden kann. Die Philosophiedidaktik ist eine Subdisziplin der Philosophie und ist notwendig als Begründungs- und Rechtfertigungszusammenhang philosophischer Unterrichtspraxis. Sie ist philosophisch, weil sie nach dem Sinn der Philosophie, ihrem Verhältnis zu anderen Wissenschaften und dem spezifisch Philosophischen ihrer Ansätze und Konzepte fragt. Sie ist didaktisch, weil sie einen Begründungs- und Rechtfertigungszusammenhang von konkreter Unterrichtspraxis offenlegt. Sie konzipiert Ansätze zur Förderung grundlegender philosophischer Fähigkeiten. Je nach Situation, in Bezug auf konkrete Lerngruppen an konkreten Lernorten werden entsprechende Ziele, Inhalte, Methoden, Medien, Formen des Philosophierens didaktisch begründet.

Philosophische Fallanalyse

Die philosophische Fallanalyse ist eine Form des textungebundenen philosophischen Argumentierens, bei der ein konkreter Fall durch die Abwägung relevanter Güter analysiert wird. Ein konkreter Fall aus der Lebenswelt wird selbstständig, in schriftlicher Form analysiert. Solche Fälle sind zum Beispiel moralische Zwickmühlen, in denen grundlegende Güter kollidieren, wie etwa die Achtung der körperlichen Unversehrtheit von Tätern versus der Schutz unschuldiger Menschen. Die Fallanalyse umfasst mehrere Schritte. Zunächst wird der Fall präsentiert und genau gelesen. Dann wird ein Spontanurteil abgegeben. Im dritten Schritt eignen sich die Lernenden im Rahmen einer Sachverhalts- bzw. Situationsanalyse das nötige Kontextwissen an, um die Situation bzw. den Fall möglichst angemessen einschätzen zu können. Im vierten Schritt wird die ethische bzw. philosophische Analyse, die Reflexion der zur Diskussion stehenden Interessen, Werte und Normen aller von der Situation Betroffenen durchgeführt. Daran anschließend werden die Werte und Normen, die Basis der Argumentationstypen, Moraltheorien und Moralkonzepte sind, reflektiert. Im letzten Schritt wird ein moralisches oder philosophisches Urteil gefällt; die sich daraus ergebenden Konsequenzen werden reflektiert.

Präsentative Form

Der Begriff der präsentativen Form (Ausdrucksform) bezeichnet Form-Typen, die dem sensorischen Sinn für Formen entspringen. Ihre Funktion ist es, Eindrücke in Vorstellungen zu fassen, so dass nicht nur kaleidoskopisch Farben zu sehen oder Geräusche zu hören sind, sondern konkrete Dinge gesehen werden. Sie ermöglichen die Isolation einzelner Bestandteile des Symbols, die symbolischen Elemente sind aber nicht abstrakte Einheiten mit Bedeutungen, sondern können nur im Kontext des Symbols festgelegt werden. Es kann kein Wörterbuch, keine Begriffsanalyse Klärung bringen, sondern die Bedeutungen werden durch die Bedeutung des Ganzen verstanden, durch ihre Beziehung innerhalb der Struktur. Sie bieten ihre Bestandteile gleichzeitig dar, nicht nacheinander, und sind in ihrer Komplexität nicht so begrenzt wie diskursive Formen. Sie sind simultan zu sehen und mehrdeutiger als diskursive Formen.

Problemorientierung

Die Problemorientierung ist ein grundlegendes Prinzip der Angewandten Philosophie, der Philosophiedidaktik und der konkreten Unterrichtsgestaltung. Im Unterricht der Fächer Philosophie und Ethik ermöglicht dieses Prinzip ausgehend von einer philosophischen Fragestellung, einem philosophischen Problem oder von lebensweltlichen Problemen der Schüler und Schülerinnen die konkrete Lernorganisation zu gestalten. Für eine Unterrichtsstunde und eine Unterrichtseinheit, aber auch für das Philosophieren an anderen Lernorten bildet die Problemorientierung, die in der Phase der Problemeröffnung die Lernenden einbezieht, den roten Faden des Philosophierens. Sie wird entwickelt aus der Hinführung im offenen Unterrichtseinstieg. Schüler und Schülerinnen formulieren erste Auffassungen zu Impulsen, aus denen dann die Problemstellung für das weitere Lernen entwickelt wird. Die Problemstellung, die sich in der Hinführungsphase entwickelt, wird so festgehalten, dass sie den Lernenden immer vor Augen steht.

Produktionsorientierung
Die Produktionsorientierung ist eine grundlegende didaktische Perspektive im Umgang mit Texten und anderen Medien. Im Zentrum stehen Verfahren der produktiven Interpretation. Schreiben, produktives Eingreifen wird zum Bestandteil der Interpretation, der hermeneutisch-analytischen Arbeit. Schüler und Schülerinnen greifen handelnd in Texte oder andere Medien ein, sie produzieren kleine eigene Texte, Bilder etc. Diese Produktionen, die von den Schülern und Schülerinnen hergestellten Ergebnisse, werden dazu genutzt, sowohl das Vorverständnis, die eigenen das Lesen produktiv bestimmenden Haltungen sowie das Ausgangsmedium zu analysieren. Das Lesen, Analysieren und Interpretieren wird durch Formen des Schreibens initiiert oder unterstützt; kritische Textanalyse wird mit Kreativität und Phantasie verbunden. Charakteristisch für alle Formen des produktionsorientierten Umgangs mit Texten ist, dass die Schüler und Schülerinnen im Prozess des Lesens selber produktiv sind, d.h. dass sie ein Bild oder Spiel gestalten, einen Text zu Ende schreiben, einen Gegentext verfassen, einen Text transformieren oder auch freie Texte zu einem Problem oder Thema schreiben. Der produktive Umgang macht nicht nur die genaue Textanalyse notwendig, sondern setzt auch Spaß und Kreativität frei und ermöglicht zudem die ganzheitliche Förderung der philosophischen Grundkompetenzen. Grundlegende Formen produktionsorientierter Verfahren umfassen die Ausfüllung von Leer- und Unbestimmtheitsstellen, die Visualisierung von Texten, die Bearbeitung eines modifizierten Textes und die produktive Veränderung eines Originaltextes.

Spielen

Der Mensch ist ein Wesen, das spielt. Im Spielen vollzieht er ein Als-ob-Geschehen, er versinkt oder er gestaltet Situationen, die vom alltäglichen Leben absehen. Im Spielen wird die Lebenswelt, die alltägliche Welt modellhaft nachgebildet und kann so zur Grundlage der philosophischen Reflexion werden. Der Wettkampf, der Zufall, die Nachahmung und der Rausch sind wesentliche Prinzipien, diedie Lebenswelt wie auch Spiele strukturieren. Das Tätig sein steht im Mittelpunkt, und beteiligt ist immer der ganze Mensch mit Kopf und Leib. Deshalb sind Medien des Spielens sehr geeignet für das Philosophieren; sie knüpfen an die Lebenswelt der Lernenden an und eröffnet interaktive Formen des Nachdenkens.

Symboldidaktisches Paradigma

Das symboldidaktische Paradigma, das eine Vielzahl von didaktischen Ansätzen umfasst, lehnt sich an die symboltheoretische Philosophie von Ernst Cassirer und Susanne Langer an. Fruchtbar gemacht für die Philosophiedidaktik wurde das Paradigma vor allem von Susanne Nordhofen, Christian Gefert und Stefan Maeger. Das symbolistische Paradigma favorisiert die sprachungebundenen, symbolischen, präsentativen Formen neben den sprachgebundenen, den diskursiven und hermeneutischen und will auch die aisthetische Wahrnehmung, die Wahrnehmung durch alle Sinne, fördern. Es versteht unter Philosophieren, den Bedeutungen verschiedener symbolischer Formen nachzugehen und nach immer weiter reichenden, klareren und besser anwendbaren, artikulierten Bedeutungen zu suchen. Zwar besitzen die diskursiven Symbole, so die übereinstimmende Auffassung, ein höheres Maß an Verallgemeinerung, Mitteilbarkeit und Überprüfbarkeit, aber auch andere Formen bringen Deutungen zum Ausdruck. So können Medien wie Mythen, Bilder, Musik oder Spiel begründet in den Unterricht einbezogen werden, das Feld der Kunst, Literatur und Musik wird für den Philosophieunterricht eröffnet.

Transformation

Transformation, die Umgestaltung, Neuakzentuierung ist im philosophiedidaktischen Kontext vielfach relevant. Sie kennzeichnet zunächst die Gewinnung von Bildungsgegenständen für die konkrete Unterrichtspraxis und bezeichnet die didaktische Transformation von Denkrichtungen, Methoden, Schreibstilen, Bildern etc. für den Unterricht der Fächer Philosophie und Ethik. Geht man dabei von der Angewandten Philosophie als Bezugswissenschaft aus, meint Transformation das kohärente, interaktive Verhältnis zwischen wissenschaftlicher Disziplin, fachdidaktischer Konzeption und konkreter Unterrichtspraxis. Der Lehrende, der wie ein Förster den Wald von Bildungsgegenständen auf den verschiedenen Ebenen durchforstet, transformiert diese im Sinne seines Unterrichts. Auch für die Entwicklungspsychologie und die Philosophie als kritische Haltung ist der Begriff der Transformation zentral. Er meint auf der Basis biografischer und historischer Voraussetzungen die Fähigkeit praktischer Klugheit, der rechten Wahl, sich in seinem besonderen Sein zu verändern, neue Akzente zu setzen, sein Leben möglichst selbstbestimmt und reflektiert gestalten zu können.

Unterrichtsplanung
Unterrichtsplanung ist ein gedanklicher Vorentwurf, die antizipierende Vorbereitung der einzelnen Handlungsabschnitte in einzelnen Unterrichtsstunden wie in Unterrichtseinheiten. Für die Planung, die verschiedene Lernwege ermöglichen muss, ist ein Set von Grundüberzeugungen und Kenntnissen, ein Reservoir für die Bildungsziele, die Mittel, die Umsetzungsmöglichkeiten notwendig. Dazu gehören fachdidaktische Modelle, die zentralen Prinzipien des Unterrichts, Kenntnisse des Verlaufs von Unterricht und der Planung von Unterrichtsreihen, der Formulierung von Bildungsintentionen sowie Formen und Kriterien der Leistungsbewertung. Im Philosophie- und Ethikunterricht gehört dazu auch die Erstellung didaktischer Reduktionen von Texten und Nach-Texten, der Einsatz verschiedener Medien und Methoden sowie der Umgang mit Schulbüchern und Lehrplänen.

Verkörperung
Neben anderen haben Nietzsche und Plessner auf die Bedeutung der Leiblichkeit verwiesen. Der Leib ist eine wichtige Grunddimension des Personalen, leibliches Spüren ermöglicht das Bezogensein auf die wahrnehmbare Welt. Wahrnehmungen drücken sich aus in leiblichen Regungen, Leiblichkeit ermöglicht einen basalen Spielraum von Kommunikation, leibliche Resonanz schwingt auch beim Denken und Philosophieren immer mit. Wissen ist nur als verkörpertes Wissen über unseren Leib zum Ausdruck zu bringen. Durch Verkörperung, mittels leiblicher Gesten, Minen, Posen etc. werden Wissen, Denken, Deuten zum Ausdruck gebracht und auch gestaltet. Sinnliche Wahrnehmungen, Gesten mit Kopf, Arm, Hand und Fingern, Mienen des

Ausdrucks, tonale Modi von Äußerungen sowie atmosphärische Stimmungen sind im Philosophieunterricht sehr relevant. Die Philosophierenden agieren mit ganzheitlichen Körpern, mit ihrem Leib. Deshalb sind Schauen, Wahrnehmen, Sich-Ausdrücken mittels Leiberfahrungen, atmosphärisches Wahrnehmen und das Verkörpern wichtige Kompetenzen des Philosophierenden. Das Verhältnis von Körperleib und Selbst muss bewusster verstanden und die Verkörperung des Selbst entwickelt werden. Dazu gehören atmosphärische Kompetenz, Achtsamkeit, Zugewandtheit, Gestenwissen sowie die Fähigkeit, szenische Ausdrucksformen einzusetzen.

Wissenschaftsorientierung
Die Wissenschaftsorientierung ist seit der Einführung des Schulfaches Philosophie in der Oberstufe ein Prinzip des Unterrichts. Obschon über das angemessene Verständnis von Wissenschaftsorientierung diskutiert, besteht Konsens darin, den Unterricht in den Fächern Philosophie und Ethik im Interesse der Bildung zum Selbstdenken sowohl an der Philosophie als Bezugswissenschaft als auch am Stand anderer Wissenschaften zu orientieren. Die Philosophie als Angewandte Philosophie, die sich mit lebensweltlich relevanten Fragen der Philosophierenden beschäftigt, muss die Erkenntnisse der Wissenschaften berücksichtigen. D.h. zentrale Begriffe, wissenschaftliche Erkenntnisse und Intentionen, naturwissenschaftlich-technische Optionen, die Wahl der Mittel etc. müssen in die philosophische Analyse einbezogen werden; anders ist eine differenzierte Reflexion auf dem jeweiligen Stand der Forschung nicht möglich.

Anmerkungen

I. Warum sollte man das Philosophieren vermitteln?

1 Kant, I.: Nachricht von der Einrichtung seiner Vorlesungen in dem Winterhalbenjahre von 1765-1766. In: Meyer, K. (Hg.): Texte zur Didaktik der Philosophie. Stuttgart 2010. S. 74.

2 Kant, I.: AA VII, 228.

3 Nelson, L.: Die sokratische Methode. In: D. Birnbacher, D. Krohn (Hg.): Das sokratische Gespräch. Stuttgart 2002. S. 21-72.

4 Birnbacher, D.: Neosokratische Methode und Sokratisches Gespräch. In: J. Nida-Rümelin, I. Spiegel, M. Tiedemann (Hg.): Handbuch Philosophie und Ethik. Paderborn 2015. S. 171-178; Draken, K.: Sokrates als moderner Lehrer. Berlin 2011.

5 Zur Aktualität dieser Analyse Nietzsches siehe Heinz, A.: Der Begriff der psychischen Krankheit. F/M 2014; Ehrenberg, A.: Das erschöpfte Selbst. F/M 2013.

6 Nietzsche, F.: Die fröhliche Wissenschaft. Zweite Vorrede. Meyer, K. (Hg): a.a.O. S. 83-91.

7 Foucault, M.: Warum ich Macht untersuche: Die Frage des Subjekts. In: H.L. Dreyfus, P. Rabinow: Michel Foucault: Jenseits von Strukturalismus und Hermeneutik. Weinheim 1994. S. 243-261, hier S. 243.

8 Runtenberg, C.: Was ist philosophische Bildung – wenn nicht die Förderung der kritischen Arbeit des Denkens an sich selber? Über die Bedeutung der Kritik an Weltanschauungen. In: G. Raupach-Strey, J. Rohbeck (Hg.): Philosophie und Weltanschauung. Dresden 2011. S. 145-160, hier S. 146ff.

9 Foucault, M.: Was ist Kritik? Aus dem Französischen von W. Seiter. Berlin 1992. S. 30.

10 Foucault, M.: Was ist Aufklärung? In: E. Erdmann, R. Forst, A. Honneth (Hg.): a.a.O. S. 48f.

11 Foucault, M.: Warum ich die Macht untersuche: die Frage des Subjekts. A.a.O, S. 250.

12 Foucault, M.: Schriften in vier Bänden. Dits et Ecrits. Bd. 4. F/M 2005. S. 135.

13 Foucault, M.: Hermeneutik des Subjekts. In: Ders.: Ästhetik der Existenz. S. 123, 132f.; Liggieri, K.: „Zur Selbstformung verdammt“? In: ZDPE 4/2014. S. 39-43.

II. Wozu und wie Philosophieren in der Schule?

1 Zur Geschichte des Philosophieunterrichts und früher Debatten siehe Rehfus, W.D., Becker, H. (Hg.): Handbuch des Philosophieunterrichts. Düsseldorf 1986. S. 19-140.

2 Martens, E.: Dialogisch-pragmatische Philosophiedidaktik. Hannover u.a. 1979.

3 A.a.O., S. 73.

4 Rehfus, W.D.: Denkorientierung und Kontemplation. In: J. Hengelbrock (Hg.): Philosophie. Beiträge zur Unterrichtspraxis. F/M 1986. S. 48-62, hier S. 50ff.

5 Martens, E.: Methodik des Ethik- und Philosophieunterrichts. Hannover 2005; ders.: Philosophie als Kulturtechnik humaner Lebensgestaltung. In: J. Nida-

Rümelin, I. Spiegel, M. Tiedemann (Hg.): Handbuch Philosophie und Ethik. Paderborn 2015. S. 41-48.

6 Rohbeck, J.: Didaktik der Philosophie und Ethik. Dresden 2008; ders.: Didaktische Transformationen. In: J. Nida-Rümelin u.a. (Hg.): a.a.O. S. 48-56.

7 Steenblock, V.: Philosophische Bildung als Arbeit am Logos. In: ders.: Philosophie und Lebenswelt. Hannover 2012. S. 26-36; ders.: Philosophische Bildung als Arbeit am Logos. In: J. Nida-Rümelin u.a. (Hg.): a.a.O. S. 57-69; ders.: Philosophische Bildung. 2. Aufl. Münster, Hamburg, London 2007. S. 33-57.

8 Böhme, G.: Theorie des Bildes. München 2004. S. 7.

9 Petermann, H.-B.: Ästhetisch denken lernen. Impulse zu einer philosophisch orientierten Bilddidaktik. In: ZDPE 2/2003. S. 113-125.

10 Scholz, O.: Das Spektrum der Bilder. In: EU 2/2002. S. 8-14.

11 Münnix, G.: Weshalb mit Bildern philosophieren? In: EU 9 (1998): S. 28-35. Dies: Zur Hermeneutik des Bildes. In: ZDPE 4/2001. S. 310-318.

12 Maeger, St.: Drei Köpfe, vier Ohren, fünf Sinne. Bildverstehen im Philosophie- und Ethikunterricht der Klasse 9. In: Ethik und Unterricht 13 (2002). S. 24-31.

13 Maeger, St.: Der Reiz der Bilder. Einsatzmöglichkeiten von Bildern im Philosophie- und Ethikunterricht. In: Ethik und Unterricht 3/2000. S. 35-41.

14 Tiedemann, M.: Mal mir was! Ein Zwischenruf. In: ZDPE, 1/2011. S. 77-80.

15 A.a.O., S. 79.

16 A.a.O., S. 80.

17 Siehe z.B. Hitz, T.: Mal mir was und rede darüber! Zu Sprache und nichtsprachlichen Medien im Philosophieunterricht. In: ZDPE, 4/2011. S. 329-334; Sistermann, R.: Positionierungen zu Tiedemanns Zwischenruf „Mal mir was!". In: ZDPE, 4/2011. S. 334-337.

18 So z.B. Tichy, M.: Bilderdenken. Zu Tiedemanns Kritik an der Verselbstständigung präsentativer Formen im Philosophieunterricht. In: ZDPE 3/2011. S. 244-251.

19 Gefert, C./Tiedemann, M.: Diskursive und präsentative Symbole. In: ZDPE 2/2012. S. 152-159.

20 Dege, M.: Befremdliche Polemik. Zu Markus Tiedemann: „Mal mir was!". In: ZDPE 3/20011. S. 241-43.

III. Mehr als Arbeitsverfahren – produktive und symboldidaktische Pfade

1 Gefert, C.: Didaktik theatralen Philosophierens. Dresden 2002. S. 68-120.

2 A.a.O. S. 93f. Ebenso Maeger, S.: Umgang mit Bildern. Bilddidaktik in der Philosophie. Paderborn 2013. S. 19.

3 Gefert, C.: a.a.O. S. 121-176.

4 Gefert, C.: Philosophieren in theatralen Formen. In: B. Brüning, E. Martens (Hg.): Anschaulich philosophieren. Weinheim, Basel 2007. S. 137-155.

5 Runtenberg, C.: Didaktische Ansätze einer Ethik der Gentechnik. Freiburg, München 1998. S. 202-244.

6 Iser, W.: Der Akt des Lesens. München 1976.

7 Maeger, S.: a.a.O. S. 21ff. Nordhofen, S.: Was kann Philosophie von der Kunst lernen? In: ZDPE 2/2003. S 98-112.

8 Nordhofen, S.: a.a.O. S. 112.
9 Maeger, S.: a.a.O. S. 75-95.
10 A.a.O. S. 129.
11 A.a.O. S. 132.
12 A.a.O. S. 135-139.
13 A.a.O. S. 160-168.

IV. Philosophische Bildung heute

1 Nida-Rümelin, J.: Philosophische Bildung. In: ders. u.a. (Hg.): Handbuch Philosophie und Ethik. Paderborn 2015. S. 18-22. Steenblock, V.: Philosophie und Lebenswelt. Hannover 2012. S. 9.
2 Tiedemann, M.: Ethische Orientierung in der Moderne – Was kann philosophische Bildung leisten? In: Nida-Rümelin u.a. (Hg.): a.a.O. S. 23-29. Ebenso Henke, R.W.: Die Förderung philosophischer Urteilskompetenz durch kognitive Konflikte. Nida-Rümelin u.a. (Hg.): a.a.O. S. 86-94; Meyer, K.: Bildung. Grundthemen Philosophie. Berlin, Boston 2011.
3 Runtenberg, C.: Didaktische Ansätze einer Ethik der Gentechnik. Freiburg, München 1998. S. 192-202.
4 W. Edelstein und G. Nunner-Winkler (Hg.): Zur Bestimmung der Moral. Philosophische und sozialwissenschaftliche Beiträge zur Moralforschung. F/M 1986. Roew, R.: Kohlbergs Stufenmodell – eine Richtschnur für den Ethikunterricht? In: ZDPE 1/2015. S. 68-72.
5 Keller, M.,Edelstein, W.: Beziehungsverständnis und moralische Reflexion. Eine entwicklungspsychologische Untersuchung. In: W. Edelstein und G. Nunner-Winkler (Hg.): a.a.O. S. 321-346.
6 Turiel, E.: The development of social knowledge. Cambridge 1983.
7 Nunner-Winkler, G.: Wissen und Wollen. Ein Beitrag zur frühkindlichen Moralentwicklung. In: A. Honneth u.a. (Hg.): Zwischenbetrachtungen. Im Prozess der Aufklärung. F / M 1989. S. 574-600.
8 Nunner-Winkler, G.: a.a.O., S. 592-600.
9 Nunner-Winkler, G.: a.a.O., S. 574-580.
10 Siehe hierzu: Calvert, K., Nevers, P.: PhiNa – Kinder philosophieren über die Natur. S. 221-232.
11 Meyer-Drawe, K.: Leiblichkeit und Sozialität. München 1984. S. 99ff.
12 A.a.O. S. 128f.
13 Hoffmann, C.: Die Konstitution der Ich-Welt. Würzburg 2000. S. 56-91.
14 Ricoeur, P.: Das Selbst als ein Anderer. München 1996.
15 Payne, M.: Ideas Informing Narrative Therapy. In: ders.: Narrative Therapy. Norwich 2006. S. 18-35.
16 Meyer-Drawe: a.a.O. S. 157-160.
17 A.a.O. S. 161-192.
18 Runtenberg, C.: Was ist philosophische Bildung – wenn nicht die Förderung der kritischen Arbeit des Denkens an sich selber? In: G. Raupach-Strey, Rohbeck, J. (Hg.): Philosophie und Weltanschauung. Dresden 2010. S. 145-160.
19 Böhme, G.: Den Umgang mit Atmosphären lernen – eine neue ästhetische Erziehung des Menschen. In: Scheidewege 34/2004-2005. S. 393-406; Meyer-Drawe,

K.: Bildung und Leiblichkeit. Jahrbuch für Didaktik der Philosophie und Ethik. Dresden. Nr. 7/2006. Philosophische Bildung und Ausbildung. S. 75-91; Gefert, C.: Philosophieren als embodiment – Zur Relevanz verkörperten Gebrauchswissens in philosophischen Bildungsprozessen. In: J. Rohbeck (Hg.): Anschauliches Denken. Jahrbuch für Didaktik der Philosophie und Ethik. Dresden 2005. S. 75-94.

20 Meyer-Drawe, K.: a.a.O. S. 90f.

21 Rösch, A.: Lebens-Räume. Eine phänomenologische Unterrichtseinheit zum Begriff der Atmosphäre. In: EU 3/06. S. 41-45.

22 Balle, J.: a.a.O. S. 51.

23 Breun, R.: Zwischenleiblichkeit. In: EU 3/02. S. 44-46.

24 Balle, Johannes: a.a.O. S. 52. Unterrichtsideen dazu sind in all den hier angemerkten Artikeln zu finden.

25 Siehe hierzu Breun, R.: Körper und Ethik. Ein Gang in 30 Schritten. In: EU 1/2014: Körper. S. 7-10.

26 Wulf, C.: Die Geste in der Schule. Rituale und Inszenierungen im schulischen Alltag. In: EU/1/2014. S. 16-20, hier S. 17.

27 Wulf, C.: a.a.O. S. 20; Desai-Breun, K., Breun, R.: Die Symbolik des menschlichen Leibes am Beispiel des indischen Natyasastra. In: EU 4/10. S. 28-30.

28 A.a.O.; S. 81

29 A.a.O.: S. 88ff. Böhler, A,; Granzer, S. (Hg.): Ereignis Denken. Wien 2009.

30 Böhler, A., Ganzer, S. (Hg.): a.a.O. S. 33ff.

31 Runtenberg, C.: Didaktische Ansätze einer Ethik der Gentechnik. Freiburg, München 1998. S. 60-188.

32 Steenblock, V.: Philosophische Bildung zwischen Lebenswelt und Wissenschaft. In: ders.: a.a.O. S 223-240. Siehe auch Stelzer, H.: Lebensweltbezug. In: Nida-Rümelin u.a. (Hg.): a.a.O. S. 79-86.

33 Bussmann, B.: Was heißt: sich an der Wissenschaft orientieren? Berlin 2014. S. 11ff.

34 A.a.O., S. 259, 264; dies: Wissenschaftsorientierung. In: Nida-Rümelin u.a. (Hg.): a.a.O. S. 126-129.

35 Runtenberg, C., Rohbeck, J. (Hg.): Angewandte Philosophie. Dresden 2012

36 Reich, K.: Inklusion und Bildungsgerechtigkeit. Weinheim 2012. Siehe auch Bartsch, M.: Philosophiedidaktik und inklusive Bildung. In: ZDPE Heft 2/2014. S. 70-78.

37 Marzban, F.D., Specht, J.: Gedanken über Inklusion. ZDPE 3/2015: Kunst und Moral. Hrsg. von V. Steenblock und M.-S. Lotter. S. 76f. Zum Themenbereich „Gerechtigkeit" vgl. Blesenkemper, K., Sikorski, D.: „Was ist gerecht?" – Ein Wert als Thema in inklusiven Lerngruppen. In: Lernchancen 102, Heftteil: Unterrichten – Werteerziehung, hg. v. Blesenkemper, K., Seelze 2016. S. 6-11.

38 So z.B. Bartsch: a.a.O. S. 78. Entsprechende Vorgaben liefert die Kultusministerkonferenz in ihrem Beschluss zu: „Ländergemeinsame inhaltliche Anforderungen für die Fachwissenschaften und Fachdidaktiken in der Lehrerbildung", vom 16.10.2008, in der Fassung vom 12.02.2015, S. 39-41.

39 Tichy, M.: Fremd im Philosophieunterricht oder: Brauchen wir eine interkulturelle Philosophiedidaktik? In: ZDPE Heft 1/2010. S. 43-53. Bartsch, M.: Interkultureller Polylog. In: Nida-Rümelin u.a. (Hg.): a.a.O. S. 119-124.

40 Siehe hierzu auch Steenblock, V.: Bildungstradition und Bildungssysteminnovation. In: ders.: a.a.O. S. 194-212. Sukopp, T.: Was ist und soll Kompetenzorientierung im Philosophieunterricht? In: EU 4/2015. S. 53f.

41 Rösch, A.: Kompetenzorientierung im Philosophie- und Ethikunterricht. Münster 2009. S. 27f.

42 Siehe auch Albus, V.: Ist philosophische Bildung messbar? In: ZDPE 4/2012. S. 336-345.

43 Weinert, Franz E.: Vergleichende Leistungsmessung in Schulen – eine umstrittene Selbstverständlichkeit. In: ders. (Hg): Leistungsmessung in Schulen. Weinheim, Basel 2001. S. 17-31, hier S. 27f.; Tichy, M.: Eine Zweideutigkeit des Kompetenzbegriffs und deren Bedeutung für die Philosophiedidaktik. In: ZDPE 34 (2012). S. 221-229.

44 Rösch, A: a.a.O.,S. 34-37. Applis, S.: Die empirische Wende in der Fachdidaktik und die (Sonder-)Stellung der Philosophiedidaktik. In: Nida-Rümelin u.a. (Hg.): a.a.O. S. 144-152, hier S. 144f.

45 Hofer, R.: Wissen und Können. Begriffsanalytische Studien zu einer kompetenzorientierten Wissensbildung am Gymnasium. Münster 2013; ders.: Kompetenzorientierte Wissensbildung und epistemische Werterziehung: Anregungen für die philosophiedidaktische Agenda. In: ZDPE 2/2014. S. 55-70.

46 Schmidt, D.: Reading literacy mit philosophischen Texten. In: J. Rohbeck, U. Thurnherr,V. Steenblock (Hg.): Empirische Unterrichtsforschung und Philosophiedidaktik. Dresden 2008. S. 65-81.

47 Z.B. Albus, V.: a.a.O. S. 344.

48 So auch Kminek, H.: Plädoyer für eine auf qualitative Forschung ausgerichtete Fachdidaktik. In: ZDPE 3/15. Kunst und Moral. S. 70-72.

49 Gefert, C..: Kompetenzmodelle für philosophische Bildungsprozesse. In: J. Rohbeck, U. Thurnherr, V. Steenblock (Hg): a.a.O.. S. 15-26; ders.: Kompetenzentwicklung in philosophischen Bildungsprozessen. In: ZDPE 2/2011. S. 100-103.

50 Rösch, A.: Kompetenzförderung im Philosophie- und Ethikunterricht. Münster, Berlin 2009; Steenblock, V.: a.a.O. S. 16-21.

51 So auch Steenblock, V.: Was ist Philosophiedidaktik? Fünf Bemerkungen zu ihrer disziplinären Identität aus Anlass der Kompetenzdebatte. In: ZDPE 2/2011: S. 90-95.

52 Sikorski, D.: Philosophieunterricht durch die ethnographische Brille. Möglichkeiten des Einsatzes empirischer Forschung in der Lehrerbildung. In: Jahrbuch für Didaktik der Philosophie und Ethik. (Im Erscheinen.)

V. Die Schatzkiste – Das Deuten von Texten

1 Steenblock, V.: Philosophische Bildung. Münster 2013. S. 125-193; Brüning, B.: Philosophieren in der Sekundarstufe. Methoden und Medien. Weinheim 2003. S. 43-160.

2 Rohbeck, J.: Didaktik der Philosophie und Ethik. Dresden 2008. S. 51-90.

3 A.a.O., S. 41-49.

4 A.a.O. S. 178-160.

5 Steenblock, V.: „Aristoteles schießt keine Tore“. In: ders.: Philosophie und Lebenswelt. Hannover 2012. S. 37-47.
6 Steenblock, V.: Philosophie und Lebenswelt. A.a.O. S. 175-193.
7 A.a.O. S. 149.
8 Martens, E.: a.a.O. S. 57.
9 Siehe hierzu ausführlich Albus, V.: Kanonbildung im Philosophieunterricht. Lösungsmöglichkeiten und Aporien. Dresden 2013. S. 17ff.
10 Martens, E.: Ich denke, also bin ich. Grundtexte der Philosophie. München 2001; Steenblock, V.: Die großen Themen der Philosophie. Darmstadt 2003; Tiedemann, M.: Welche Inhalte, welche Methoden fordert die Praxis? Versuch einer kurzen Studienberatung auf der Basis prinzipieller Überlegungen und empirischer Evaluation. In: ZDPE 2/2012. S. 161f.
11 Albus, V.: Philosophischer Kanon. Ausdruck von Beschränkung und Beschränktheit? In: ZDPE 3/2013. Kanon II. S. 3-6. Siehe auch Steenblock, V.: Zur Bildungsaufgabe der Philosophiegeschichte. In: ders.: Philosophie und Lebenswelt. A.a.O. S. 175-193, hier S. 189f.
12 A.a.O. S. 190-192. Albus, V., Rudolph, U.: Islamische Philosophie. Überlegungen zur Kanonmodifizierung im Ethik- und Philosophieunterricht. Ein Gespräch. In: ZDPE 3/13. Kanon II S. 84-88; ZDPE 1/2012: Philosophie und Islam.
13 Albus, V.: Kanonbildung. A.a.O. S. 33-555.
14 Steenblock, F.: Unkanonisch!? – Fußball als Spiegel des Lebens. In: ZDPE 3/ 13. Kanon II. S. 28-39.
15 Einen Überblick gibt Steenblock, V.: Philosophische Bildung. A.a.O., S. 213ff. Neben der ZDPE und der EU gibt es noch eine dritte Zeitschrift: Praxis Philosophie & Ethik. Schroedel Verlag Braunschweig.
16 Oelmüller, W., Dölle-Oelmüller, R. (Hg.): Philosophische ArbeitsbücherPaderborn u.a. 1980.
17 Rohbeck, J.: Rousseau. Literarisches Philosophieren im Philosophieunterricht. In: ZDPE 2/2013. S. 6; Zeder, F.: Skeptisches, narratives und literales Philosophieren. In: J. Rohbeck (Hg.): Didaktische Konzeptionen. Dresden 2012. S. 57-64; ZDPE 1/2016: Jugendliteratur; ZDPE 2/2004: Literarisches Philosophieren; ZDPE 3/1998: Literarische Texte.
18 Collel, M.: Fachdidaktische Bedingungen, Potentiale und Grenzen fiktionaler Texte im kompetenzorientierten Philosophieunterricht. In: ZDPE 2/2009. S. 141-149, hier S. 141f. Siehe auch Scheidt, A.: „Sind die Geschichten echt?“ Wie Kinder das Philosophieren lernen können. In: ZDPE 1/2008. S. 30-33.
19 Brüning, B.: Wenn das Leben an Grenzen stößt – Philosophieren mit Märchen über Grenzsituationen. Bad Münder 2000; dies.: Die Suche nach der Wahrheit. Sammlung von Märchen und Fabeln für das Philosophieren in der Sekundarstufe II. Leipzig 2002; Sistermann, R.: Literarische Texte. In: J. Nida-Rümelin, I. Spiegel, M. Tiedemann (Hg.): Handbuch Philosophie und Ethik. Paderborn 2015. S. 270-277.
20 Siehe hierzu Albus, V.: Metapherndidaktik. Grundlegung und Perspektiven. In: ZDPE 2/2014. S. 9-18.
21 A.a.O. S. 15ff.
22 Albus, V.: In den Netzen der Metaphern. In: ZDPE 2/2014. S. 41-47.

23 Viole, U.: Fabeln als Spiegel der Gesellschaft. In: B. Brüning, E. Martens (Hg.): Anschaulich philosophieren. Weinheim, Basel 2007. S. 62-88, hier S. 62.
24 A.a.O. S. 64.
25 Mögliche Themenfelder und Unterrichtsideen schlägt Viole vor: a.a.O. S. 71-88.
26 Siehe hierzu a.a.O. S. 206-211; Brüning, B.: a.a.O. S. 114-117.
27 Adorno, T.W.: Der Essay als Form. In: GS, Bd. 11. Hrsg. V. R. Tiedemann unter Mitwirkung von G. Adorno u.a. F/M 1997. S. 18.
28 A.a.O. S. 27.
29 A.a.O. S. 14f.
30 A.a.O. S. 21.
31 Siehe Runtenberg, C.: Essays und Aphorismen. ZDPE 2/2004. S. 102-107.
32 Siehe hierzu Zill, R.: Ein Rudel voller Einzelgänger. In: J. Rohbeck (Hg.): Anschauliches Denken. Dresden 2005. S. 153-183.
33 Zitiert nach Zill, R.: a.a.O. S. 178.
34 Zill, R.: a.a.O. 155f, 180-183.
35 Lichtenberg, G. C.: Neue Blicke durch die alten Löcher. Aphorismen und Schriften. Stuttgart 2014. S. 43.
36 Adorno, T.W.: Minima Moralia. F/M 1951. Nr. 122.
37 Pfeiffer, S.: Philosophische Gedankensplitter. Philosophieren über Aphorismen. Leipzig 2014.
38 Langebeck, K.: Verfahren der Texterschließung im Philosophieunterricht. In: ZDP 1/1985. S. 3-11. Siehe auch Pfeiffer, V.: Didaktik des Ethikunterrichts. 3. Aufl. Stuttgart 2012. S. 145-160.
39 Rohbeck, J.: Didaktik der Philosophie und Ethik. Dresden 2008. S. 163-174.
40 Haase, V.,Schmidt, D.: Rezeptionsorientierte Textarbeit. In: J. Nida-Rümelin u.a. (Hg.): a.a.O. S. 206-213.
41 Nietzsche, F.: Also sprach Zarathustra. In: E. Martens (Hg.): Philosophische Meisterstücke. Stuttgart 1998. S. 121-128
42 Siehe hierzu Soentgen, J.: Wie man schwierige Texte liest. In: ZDPE Heft 3/98. S. 173f.
43 Gefert, C.: Theatrales Philosophieren – performatives Denken in philosophischen Bildungsprozessen. In: J. Nida-Rümelin u.a. (Hg.): a.a.O. S. 240-244; ders.: Philosophieren in theatralen Formen. In: B. Brüning, E. Martens (Hg.): a.a.O. S. 137-155.
44 Gefert, C.: a.a.O., S. 145-155; Brüning, B.: Philosophieren in der Sekundarstufe. Methoden und Medien. Weinheim 2003. S. 103-112.
45 Gefert, C.: Text und Schrift. In: ZDPE 2/2000. S. 133-139.
46 Pfeiffer, S., Klager, C.: Spielend Philosophieren. Lektüreheft. Leipzig 2012. S. 56.

VI. Sprechen, Schreiben und Hören als Form des Philosophierens

1 Tetens, H.: Philosophisches Argumentieren. Eine Einführung. München 2006. 2. Aufl.; Pfister, J.: Werkzeuge des Philosophierens. Stuttgart 2013; Becker, F.: Argumentieren. Praxisformen des mündlichen Argumentierens. Leipzig 2015; Goergen, K.: Argumentationsschulung. In: J. Nida-Rümelin, I. Spiegel, M. Tiedemann (Hg.), Handbuch Philosophie und Ethik. Paderborn 2015. S. 214-223.

2 Runtenberg, C.: Didaktische Ansätze einer Ethik der Gentechnik. Freiburg, München 1998. S. 153-188. Tetens, H.: a.a.O. S. 139-170. Schaber, T: Wie Schüler zu Autoren des eigenen Lebens werden. Ein Unterrichtskonzept zur Förderung moralischer Urteilskraft. In: ZDPE 1/2015. S. 26-34; Schmidt, D. und Dietrich, J. (Hg.): Moralische Urteilsbildung. ZDPE 2/2015.

3 Rohbeck, J.: Rhetorik und Philosophiedidaktik. In: ders.: Didaktik der Philosophie und Ethik. Dresden 2008. S. 213-227.

4 Freese, H.L.: Was wäre wenn ...? Gedankenexperimente beim Philosophieren mit Kindern. In: Philosophieren mit Kindern. Rostocker Philosophische Manuskripte 3/1996. S. 37-47, hier S. 37ff. Michel, J.G.: Mit Gedanken experimentieren: Eine Fallstudie in der Philosophie des Geistes. In: ders., G. Münster (Hg.): Die Suche nach dem Geist. Münster 2013. S. 81-120.

5 Engels, H.: Überlegungen zum Gedankenexperiment im Unterricht. In: EU 3/2001. S. 11-17, hier S. 15f.; ders.: „Nehmen wir an ...“ Das Gedankenexperiment in didaktischer Absicht. Weinheim, Basel 2004.

6 Rolf, B.: „Wie soll ich mich entscheiden?“ Dilemmata im Philosophie- und Ethikunterricht. In: EU 3/2001. S. 18-22.

7 Raters, M.-L.: Das moralische Dilemma im Ethik-Unterricht. Moralphilosophische Überlegungen zur Dilemma-Methode nach Lawrence Kohlberg. Dresden 2011. Siehe auch: Raters, M.-L.: Das moralische Dilemma. Antinomie der praktischen Vernunft. Freiburg / München 2013.

8 Lind, G.: Moral ist lehrbar. Handbuch zur Theorie und Praxis moralischer und demokratischer Bildung. München 2003.

9 Blesenkemper, K.: Dilemmadiskussion. In: Handbuch Philosophie und Ethik. S. 178-187.

10 Franzen, H.: Ethisch urteilen. Paderborn 2009; Pfeifer, V.: Didaktik des Ethikunterrichts. Stuttgart 2003. S. 203-209.

11 Runtenberg, C..: a.a.O. S. 123-152.

12 Haase, V.: Schriftliches Argumentieren in der Oberstufe. Elementarer Kompetenzaufbau und outputorientierte Bewertung. In: ZDPE 2/2011. S. 114-123. Mayer, S.: Partnerwahl. Eine Lernaufgabe zur Schulung der schriftlichen Argumentationskompetenz. EU 3/13. S. 3-39.

13 Siehe hierzu J. F. Rosenberg: Philosophieren. Ein Handbuch für Anfänger. F/M 1986. S. 81-153.

14 Pfeiffer, S., Brolle, A.: „Wer einmal lügt, dem glaubt man nie“. In: ZDPE Heft 3/2003. S. 233; Börm, K.: Essayschreiben step by step. In: EU 1/2015. S. 44-48.

15 Rohbeck, J.: Philosophische Schreibstile. In: ders.: Didaktik der Philosophie und Ethik. Dresden 2008. S. 175-186; Haase, V.: Kreatives Schreiben. In: J. Nida-Rümelin u.a. (Hg.): a.a.O. S. 233-240; Engels, H.: Man muss es ihnen nur zutrauen! Über das Verfassen von fiktionalen Texten im Philosophieunterricht. In: ZDPE 2/2002. S. 106-114.

16 Collel, M.: Kreatives Schreiben als Selbstevaluation im Kompetenzorientierten Philosophieunterricht. In: ZDPE Heft 2/2010. S. 101-107.

17 Haase, V.: Kreatives Schreiben. In: a.a.O. S. 230-240, hier S. 23f; EU 1/2015: Schreibkompetenz fördern. Material Extra. S. 1-15.

18 Brüning, B: Philosophieren in der Sekundarstufe. Methoden und Medien. Weinheim 2003. S. 93, 99.

19 Kruse, O.: Keine Angst vor dem leeren Blatt. Frankfurt, New York 2004. S. 32ff. Scheuermann, U.: Schreibdenken. 2. Auflage. Opladen,Toronto 2013.
20 Thies, C.: Das philosophische Tagebuch. In: ZDPE 1990; Klager, C.: Vom Philosophischen Tagebuch zum Denkbuch. Schreibdialoge im Philosophieunterricht. In: wissenschaft in progress 2/2009; Dege, M.: Der Weg ist das Ziel. In: ZDPE 2/2002. S. 132-139.
21 Haase, V.: Selbstkompetenz und autobiografische Narration. In: ZDPE 2/2010. S. 88-100, hier S. 89; ders.: Autobiografische Narrationskompetenz. In: J. Rohbeck (Hg.): Didaktische Konzeptionen. Dresden 2012. S. 85-104.
22 Haase, V.: a.a.O. S. 90, 92.
23 A.a.O. S. 91f.
24 A.a.O. S. 94ff; Knoedler-Pasch, M.: Den Stoff des Lebens sichten – Zur Vielfalt autobiographischen Schreibens. In: ZDPE 2/2012. S. 127-132; Ethik & Unterricht 1/2013. Material Extra. M 6. S. 10; Rösch, A.: Kleiner Grenzverkehr. Leben in verschiedenen Welten. In: EU 1/2013. S. 26-29.
25 Baum, P.: Hörtexte im Philosophieunterricht. Sek. I und II. In: EU 1/10. S. 47-49.
26 A.a.O. S. 49.
27 Draken, K.: Musik. In: J. Nida-Rümelin u.a. (Hg.): a.a.O. S. 308-314.
28 Siehe hierzu genauer Draken, K.: a.a.O. S. 309-313.
29 Schmidt, M.: Lieder und Songs im Ethikunterricht. Leipzig 2003, 2004. G. Behnke hat eine Liste mit Songs zum Themenkomplex Partnerschaft, Liebe, Sexualität zusammengestellt. In: ZDPE 3/2014. S. 84-91.
30 Ethik und Unterricht 2/10: Ganz Ohr! Songs im Ethikunterricht.

VII. Schauen und Spielen im Philosophie- und Ethikunterricht

1 A.a.O. S. 446-449.
2 A.a.O. S. 454-480.
3 Z.B. Wiesen, B.: Bilder zeigen den ganzen Menschen. In: B. Brüning, E. Martens (Hg.): Anschaulich philosophieren. Weinheim, Basel 2007. S. 90-108; Wiesen, B: Mit Bildern philosophieren – aber wie? In: ZDPE 2/2003. S. 130-137; Peters, J.: Bilder und Comics. In: J. Nida-Rümelin u.a. (Hg.): a.a.O. S. 277-284; Petermann, H.-B.: Ästhetisch denken lernen. In: ZDPE 2/2003. S. 113-125; EU 4/2010: Ausdruck – Zeichen – Symbol.
4 A.a.O., S. 331-335.
5 Berger, J., Mohr, J.: Eine andere Art zu erzählen. F/M 200. S. 122ff.
6 A.a.O. S. 88f.
7 A.a.O., S. 96ff.
8 EU 1/2011: Fotografie.
9 Maeger stellt Fotobeispiele, Zugangsweisen, Arbeitsformen, Fragestellungen vor. A.a.O. S. 337-370.
10 Für Unterrichtsbeispiele siehe Runtenberg, C.: Und es hat ‚Klick‘ gemacht. In: EU 3/2004. S.18-21.
11 A.a.O. S. 93-109. In diesem Band finden sich zahlreiche praktische Beispiele.
12 Grünewald, D.: Vom Umgang mit Comics. Berlin 1991. S. 13-29.

13 A.a.O. S. 70-92.

14 A.a.O. S. 30-69.

15 Osborne, R.: Philosophie. Eine Bildergeschichte für Einsteiger. München 1996. R. Lépine, A. Lorenz, R. Ruffing u.a.: Comic-Reihe „Philosophie für Einsteiger". Paderborn: 2012ff. Onfray, M./Le Roy, M.: Nietzsche. München 2011.

16 Peters, J.: Bilder und Comics. In: J. Nida-Rümelin, I. Spiegel, M. Tiedemann (Hg.): Handbuch Philosophie und Ethik. Paderborn 2015. S. 284-293; Fischer, D., Haupt, M.: Homo ludens. Philosophieren über das menschliche Spiel in Jahrgangsstufe 5 und 6. In: EU 4/2012. S. 16-18.

17 Klager, C.: Trivialisierung und Transformation – Die Simpsons. In: Runtenberg, C., Rohbeck, J.: Angewandte Philosophie. Dresden 2012. S. 183-198.

18 Kensmann, B.: Platon wäre auch dorthin gegangen. Philosophiedidaktische Überlegungen zum Einsatz von Spielfilmen im Philosophieunterricht. In: M. Heinrich (Hg.): Schriftdidaktik versus Bilddidaktik? Münster 2005. S. 111-175, hier S. 113; Steenblock, V: Philosophieren mit Filmen. Tübingen 2013. S. 9, 15.

19 Liebsch, D.: Zum Verhältnis von Philosophie und Film. In: B. Leitner, L. Engell (Hg.): Philosophie des Films. Weimar 2007. S. 34-53; EU 3/2009: Film

20 Kensmann, B.: a.a.O. S. 145, 147ff.

21 Kensmann, B.: „Schafft sie weg! Wir haben hier schon genug bedrohte Arten." In: C. Runtenberg, J. Rohbeck: Angewandte Philosophie. Dresden 2012. S. 199-219.

22 Peters, J., Rolf, B.: Spielfilme im Ethik- und Philosophieunterricht. In: B. Brüning, E. Martens (Hg.): Anschaulich philosophieren. Weinheim, Basel 2007. S. 116-136; Peters, J., Peters, M., Rolf, B.: Philosophie im Film. Bamberg 2006; Steenblock, V.: Philosophieren mit Filmen. Tübingen 2013; ders: Bildung durch „Kulturindustrie". In: ZDPE 4/2013. S. 70-75.

23 Kensmann, B.: „For what? For nothin'. For a tin star." In: ZDPE 4/2012. S. 320-335.

24 Maeger, S.: Umgang mit Bildern. Bilddidaktik in der Philosophie. Paderborn 2013. S. 261-313.

25 A.a.O., S. 297ff., 287-298.

26 A.a.O., S. 299-313.

27 Draken, K.: Sinnstiftende Musik. In: ZDPE 4/2012. S. 280-283.

28 Sistermann, R.: Audiovisuelle Gedankenexperimente. Musikvideos als neue Medien im Philosophie- und Ethikunterricht. In: EU 1/2004. S. 29-34.

29 Huizinga, J.: Homo Ludens. Vom Ursprung der Kultur im Spiel. Hamburg 1956.

30 Schmidt, D.: Spielend philosophieren. In: ZDPE 4/2015. S. 5f.

31 Siehe z.B. EU 3/2007: Spielend leben; Schmidt, D.: Spielend philosophieren – Das Spiel als Medium des Philosophierens. In: ZDPE 4/2015. S. 3-8; Klager, C.: Epistemisches Spielen. Spielen als Methode des Philosophieunterrichts? In: ZDPE 4/2015; Andersson, K.: Neue Spiele braucht das Land. In: EU 3/13. S.11-15; Pfeiffer, S., Klager, C.: Spielend philosophieren. Leipzig 2012.

32 Klager, C.: a.a.O. S. 16f.; EU 4/12: Ball und Spiel.

33 Ströhla, S.: Planspiele als besondere Bildungschance am Beispiel des Inselspiels „Terra Nova". In: ZDPE 4/2015. S. 38-47; Marks, L., Valtin, K.: Wirthiko – Ein Planspiel zur Wirtschaftsethik. In: ZDPR 4/2015. S. 48-54.

34 Sofies Welt. Das Spiel. KOSMOS Verlag. Stuttgart 1998.

35 Siehe hierzu: Heinrich, J.: a.a.O., S, 18-24.
36 Heinrich, J.: Wie Videospiele den Philosophieunterricht bereicherr können. In: ZDPE 4/2015. S. 18-24; hier S. 19.
37 Heinrich, J.: a.a.O. S. 19.
38 A.a.O. S. 20.
39 A a.O. S. 21ff.; Bleckmann, D.: Computerspiele im Philosophieunterricht – Ein (Bei-)Spiel für den Erstversuch. In: ZDPE 4/2015. S. 68-72; Wosch, T.: Every day the same dream – eine Doppelstunde Ethikunterricht mit einem Computerspiel. In: ZDPE 4/2015. S. 73-78.
40 Heinrich, J.: a.a.O., S. 23f.; Müller, C.: Bewegung hilft beim Lernen – auch im Ethikunterricht. EU 4/2012. S. 13-15.
41 Haase, V.: Mit Kleidung spielen. In: ZDPE 4/2015. S. 25-37.
42 Haase, V.: Das Puppentheater als zeitgemäßes Medium im Ethikunterricht. In: ZDPE 2/2008. S. 147-156.
43 Karpa, D./Lübbecke,, G./Adam, B.: Außerschulische Lernorte – Theoretische Grundlagen und praktische Beispiele. In: Schulpädagogik heute, Heft 11 (2015), S. 1-12.
44 Zu Pro- und Contra-Argumenten des außerschulischen Lernens siehe Tiedemann, M. Außerschulische Lernorte im Philosophie- und Ethikunterricht. In: ZDPE 1/2013. S. 3-10.
45 Rahmenplan für die Sekundarstufe I. Jhg. 7-10. Integrierte Sekundarschule. Gymnasium. Ethik. S.8,24.
46 Guderian, P.: Wirksamkeitsanalyse außerschulischer Lernorte – Der Einfluss mehrmaliger Besuche eines Schülerlabors auf die Entwicklung des Interesses an Physik. S. 13-16.
47 Siehe hierzu ZDPE Heft 1/2013. EU 1/07: Außerschulische Lernorte.
48 Kraus, Andreas: Auschwitz – Gedenkstätte und genozidaler Ort. In: ZDPE Heft 1/2013. S. 68-81; hier S. 72.
49 A.a.O., S. 79.

VIII. Bausteine zur Gestaltung und Reflexion des Philosophieunterrichts

1 Tiedemann, M.: Welche Inhalte, welche Methoden fordert die Praxis? In: ZDPE Heft 2/2012. S. 162f.
2 Wiater, W.: Unterrichtsplanung. Prüfungswissen – Basiswissen Schulpädagogik. 2. Aufl. Donauwörth 2013. S. 20.
3 Blesenkemper, K.: Unterrichtsplanung. In: J. Nida-Rümelin, I. Spiegel, M. Tiedemann (Hg.): Handbuch Philosophie und Ethik. Paderborn 2015. S. 315-324.
4 Blesenkemper, Klaus: a.a.O. S. 322ff.
5 Steenblock, V.: Philosophische Bildung. S. 79; Unterlagen zur Weiterbildung Ethik in Berlin. Zusammengestellt von M. Zimmermann. Juni 2011.
6 Tiedemann, M.: Problemorientierte Philosophiedidaktik. In: ZDPE 1/2013. S. 85-96, hier S. 93; ders.: Problemorientierung. In: J. Nida-Rümelin u.a. (Hg.): A.a.O. S. 70-78.
7 Blesenkemper, K. A.a.O. S. 321f.
8 Wischer, B.: Heterogenität produktiv nutzen? Zu den Herausforderungen und Problemen einer neuen Leitidee. In: EU 1/16. S. 7-10.

9 Bartsch, M.: Philosophiedidaktik und inklusive Bildung. In: ZDPE Heft 2/2014. S. 70.
10 Hitz, T.: Mal was und rede darüber! Zu Sprache und nicht-sprachlichen Medien im Philosophieunterricht. In: ZDPE 4/2011. S. 329-334.
11 ZDPE 1/2014: Projektarbeit. Hg. von M. Tiedemann. S. 17-80.
12 A.a.O. S. 319; Sistermann, R.: Literarische Texte. In: J. Nida-Rümelin u.a. (Hg.): A.a.O. S. 273f.
13 Blesenkemper, K.: a.a.O., S. 320.
14 A.a.O., S. 322ff.; Steenblock, V.: A.a.O., S. 142-150.
15 Schmidt, D.,Ruthendorf, P.v.: Philosophieren messen. Leistungsbewertung im Philosophie- und Ethikunterricht. Leipzig 2013.
16 A.a.O., S.7-9. Siemens, A.: Diagnosetheorien. Zwischen Status- und Prozessdiagnose. EU 1/2016. S. 11-14.
17 A.a.O., S. 28-95. Gerber, S.E.: Mit Kamera, Pinsel und Farbe Philosophieren. Die Bewertung präsentativer Bearbeitungsformen. In: EU 1/2015. S. 38-43. Thein, C.: Operatoren im Philosophieunterricht. In: J. Nida-Rümelin u.a. (Hg.): a.a.O. S. 325-327. Siehe auch EU 1/2015; EU 1/2016.
18 Fuss, T.: Das Kanonmedium im Klassenzimmer. Historisches und Neues zum Schulbuch. In: ZDPE 3/2013. Kanon II. S. 76ff.
19 A.a.O. S. 77f.
20 Einen Überblick gibt Steenblock, V.: Philosophische Bildung. A.a.O. S. 195-213.
21 Siehe hierzu: Fuss, T.: a.a.O., S. 78f.
22 Siehe hierzu: A.a.O. S. 79f.
23 Beurteilungskriterien für Lehr- und Lernmittel stellt auch Fuss vor: a.a.O. S. 82f. Siehe auch Steenblock, V.: Philosophische Bildung. Einführung in die Philosophiedidaktik und Handbuch: Praktische Philosophie. 7. Aufl.. Münster 2013. S. 195-198.
24 Steenblock, V.: „Nach-Texte" oder: Mit vereinfachten Texten bewusst arbeiten. In: ders.: Philosophie und Lebenswelt. Hannover 2012 S. 213-222.